Le bonheur
ne vient pas
à ceux qui
l'attendent assis

DE LA MÊME AUTRICE

Personne n'a oublié, City Éditions, 2017 ; « Polar en Poche », De Borée, 2019

Colère assassine, De Borée, 2019

Et après tout ça, l'amour !, Robert Laffont, 2020

Stéphanie Exbrayat

Le bonheur ne vient pas à ceux qui l'attendent assis

123
5, rue Saint-Germain l'Auxerrois, Paris 1er

Si vous souhaitez être tenu au courant de nos publications, rendez-vous sur notre site : www.editionsdu123.com

1

Je me réveille en sursaut au milieu de la nuit. Quel est ce bruit ? J'ai entendu comme un craquement. Mes yeux cherchent à percer la pénombre épaisse de la chambre, mais je ne vois rien. Allongé à côté de moi, Xavier ronfle comme un cochon. Hélicoptère d'assaut à l'inspiration, bouilloire sifflante à l'expiration. Comme d'habitude. Entre deux ronflements, je tends l'oreille. Une demi-minute s'écoule pendant laquelle je ne perçois rien d'anormal. Le moteur de l'hélicoptère a dû avoir un gros raté. Inutile d'aller chercher plus loin, c'est sûrement ce qui m'a tirée du sommeil. Il est 4 h 30. Je me blottis sous la couette en maugréant. Je ne vais peut-être même pas avoir le temps de me rendormir avant que le réveil sonne. Soudain, un fracas de verre brisé me fait tressaillir. Le vase de l'entrée ! La frayeur s'empare de tout mon être. Avant de me coucher, j'ai tiré la console devant la porte et mis le vase de feu belle-maman dessus, avec cette évidence en tête : en cas de cambriolage, le voleur le ferait tomber, et je serais alertée. Depuis qu'il y a eu plusieurs vols par effraction dans l'immeuble, je suis morte de trouille et je préfère prendre mes précautions. Je donne des coups de coude à Xavier.

— Réveille-toi !

— Mmmm…

— Réveille-toi ! Il y a quelqu'un dans la maison !

— Laisse-moi dormir ! grogne-t-il d'une voix étouffée.

Que faire, mon Dieu ? Je tâtonne pour trouver mon mobile sur le chevet. En vain. Bon sang ! Pourquoi ne se trouve-t-il pas là comme toutes les nuits ? J'agrippe mon homme par l'épaule et le secoue.

— Xavier, réveille-toi ! Je t'en supplie !

Rien à faire. Je pense au somnifère qu'il a absorbé avant de dormir. Glacée, je comprends que je ne parviendrai pas à le tirer du sommeil. Je vais devoir me débrouiller seule. Pourquoi, étrangement, cela me semble-t-il habituel ? Le grincement familier de la porte d'entrée qui tourne sur ses gonds me pétrifie. Cette fois, le voleur est dans la place. Il pousse la console qui racle le parquet. Il faut agir. Alban dort dans sa chambre à l'autre bout du couloir et s'il venait à entendre, il risquerait de vouloir jouer au héros. Mon fils surestime toujours ses capacités. C'était déjà comme ça lorsqu'il était petit, et sa toute fraîche majorité ne l'a pas rendu plus lucide. Je ne veux pas qu'il prenne un mauvais coup. Qui sait, l'intrus est peut-être armé. Je rassemble mes forces et saisis la batte de base-ball glissée sous mon lit. Alban a eu une passion très courte pour ce sport quelques années plus tôt. Depuis la montée de la délinquance dans le quartier, la batte a été recyclée en gourdin.

Tremblante, je me lève, la batte au bout de mon bras. Mon cœur tambourine dans ma poitrine, et l'afflux de sang me bouche les oreilles. Sur la pointe des pieds, je me dirige vers la porte de la chambre, me faufile à l'extérieur. La peur annihile toute pensée pour ma dégaine. Rien à faire de ma chemise de nuit bleue avec des bonshommes de neige, dont le tissu est pincé dans la raie de mes fesses. Je progresse très lentement dans le couloir. La lumière de la cuisine est allumée, et des bruits de vaisselle me parviennent. Il ne manque pas de toupet, ce mec, de faire un raffut pareil ! Je cale le gourdin entre mes mains et le brandis bien serré à la hauteur du visage, prête à frapper. Mes jambes flageolent. Mon cœur s'affole. Dans une seconde, je vais entrer dans la pièce, fondre sur l'intrus et le matraquer de toutes mes forces. Je prends une grande inspiration et, d'un pas décidé, j'entre dans la cuisine. Juste au moment où le voleur en sort. On se percute en poussant tous les deux un cri tonitruant.

— Putaiiiin ! Mamaaaan ! hurle le cambrioleur en se frottant la joue.

— Alban ?

— Ben, ouais, qui veux-tu que ce soit ?

— Mais… Je ne comprends pas…

— Putain ! Tu m'as bousillé la mâchoire !

— Oh ! Pardon, mon chéri ! Attends, laisse-moi voir, dis-je en lâchant la batte qui s'écrase sur le parquet dans un bruit sec.

— Nan, c'est bon…

Je m'approche de lui et retire sa main de force. Soulagée, je constate que sa joue est à peine rouge.

— Mais je ne comprends pas, dis-je en détaillant mon fils qui est tout habillé et dégage une forte odeur de bière. Tu étais sorti ?

— Ben, ouais. J'étais chez Mylan. Je t'avais dit que j'allais chez lui.

— Oui, mais tu m'avais parlé de samedi soir.

— Ben, ouais, répond-il en me regardant d'un air soupçonneux, on est samedi soir. Enfin, maintenant on est dimanche. T'as pris une cuite hier, ou quoi ?

— Mais... je ne t'ai pas vu sortir hier soir...

— Normal, quand je suis parti, tu dormais sur le canapé devant la télé. J'ai demandé à papa de te prévenir que je partais. Il te l'a pas dit ?

— Non.

— Mais pourquoi t'as mis le meuble devant la porte ? T'es débile ! J'ai cassé le vase. Et qu'est-ce que tu fous avec ma batte ?

— C'était au cas où.

— Au cas où quoi ?

— Au cas où on aurait tenté de nous cambrioler.

— Pfff ! T'es vraiment cheloue, dit Alban en ronchonnant.

— Bon, file te coucher. Je vais débarrasser tout ce foutoir.

— Ouais, si tu veux mon avis, tu ferais bien d'aller te coucher, toi aussi...

Ignorant sa remarque, je prends la pelle et la balayette rangées sous l'évier et, accroupie dans l'entrée, j'entreprends de ramasser les bouts de verre. Effectivement, la veille, comme tous les samedis soir, Xavier et moi nous avons regardé la télé. Je ne me souviens plus du programme, mais je me rappelle avoir vu la deuxième page de pub. J'ai dû m'endormir après. Quand je me suis réveillée, Xavier venait de se brosser les dents et il s'apprêtait à se coucher. Je suis allée mettre la console devant la porte avec le vase, sans penser qu'Alban était sorti. Lorsque j'ai gagné la chambre, Xavier dormait déjà.

Je jette les bouts de verre à la poubelle, puis je nettoie le plan de travail parsemé de miettes. Aux toilettes, je rabats la lunette. Jamais personne, dans cette maison, ne songe à la remettre en place. Bon, je suis minoritaire par rapport à la gent masculine, mais tout de même ! J'urine en soupirant. Demain sera donc lundi. Il va falloir affronter le grand jour : le séminaire prévu par mon entreprise depuis des mois. Je m'essuie, tire la chasse et retourne me coucher en traînant des pieds. Mieux vaut dormir encore un peu pour oublier tout ça. Je me laisse tomber sur le lit comme une enclume. Le corps de Xavier tressaute. Est-ce que je l'ai réveillé ? Non. Il dort comme une masse. Il n'a entendu ni le vase cassé, ni la batte tombée au sol, ni les cris. Rien ne pourrait le réveiller. L'hélicoptère est en plein vol. On dirait même qu'il mitraille à pleine volée.

2

Lorsque j'émerge quelques heures plus tard, la pénombre a laissé place à une demi-obscurité. Je m'assieds et me frotte le visage. Xavier n'est plus dans le lit. Il est 7 h 30. Ô, joie ! Cela fait longtemps qu'il ne s'est pas levé si tôt. Est-ce qu'il aurait enfin décidé de mettre à exécution les décisions prises ensemble le soir de la Saint-Sylvestre ? Arrêter de ressasser ses idées noires, se lever plus tôt, passer moins de temps devant la télé, chercher activement du travail. Bref, voir le verre plein et aller de l'avant. Pleine d'espoir, je repousse la couette et me lève. En allant vers la salle de bains, à côté de la chambre d'Alban, je passe devant la cuisine et vois Xavier attablé au-dessus d'un bol de café au lait et d'une tartine beurrée. Je m'arrête sur le pas de la porte.

— Ça va ? je demande, souriante.

— Mmmm, répond-il sans me regarder.

À travers la fenêtre, le ciel est bleu clair.

— Ça fait plaisir de te voir debout si tôt... En plus, on dirait qu'il fait beau. On pourrait faire quelque chose aujourd'hui. Un tour en forêt ? Tiens, et si ce midi on allait déjeuner quelque part ? Pourquoi pas dans cette brasserie qu'on avait repérée, tu sais, vers...

— On n'a pas de fric, m'interrompt-il.

Tu m'emmerdes à répéter ça à tout bout de champ !

— Depuis le temps qu'on dit qu'on veut y aller, on pourrait peut-être faire une exception, un petit écart...

— Mmmm...

— T'en penses quoi ?

— *Extrême Chef* va commencer dans exactement cinq minutes, dit-il en regardant sa montre.

Mon espoir s'éteint aussitôt. Le nez dans son bol, Xavier ne voit pas mon désappointement.

— À cette heure-là ? je murmure.

— Ouais, s'anime-t-il en relevant enfin la tête, c'est sur Food Network, donc horaires américains. C'est la finale. Ça va être chaud !

J'en ai marre de toutes ces émissions culinaires, et d'une manière générale de tout ce qui le maintient devant le petit écran. Mais je vais éviter de le lui dire, inutile de mettre une mauvaise ambiance dès le début de la journée.

Dans la salle de bains, je croise mon reflet dans le miroir au-dessus du lavabo. Je ne souhaite pas m'attarder dessus. La veille, j'ai eu largement le temps de me désoler sur ma mauvaise mine. Rougeurs diffuses, regard fané, paupières gonflées, cernes, menton affaissé, cheveux blancs épars... À 42 ans, on pourrait presque croire que j'approche de la retraite. Elle est loin l'époque de ma splendeur, quand Xavier m'écrivait des poèmes dans lesquels ma belle chevelure châtain clair rimait avec l'étincelle de mes yeux verts. Ces vers étaient certes enfantins, mais ils avaient au moins le mérite d'exister. Aujourd'hui, il ferait rimer quoi ? Cheveux courts avec désamour, ou avec dur labour ? La porte s'ouvre violemment.

— Maman, qu'est-ce que tu fous là ?

— Ben... il me semble que j'en ai le droit ! Tu es déjà levé ?

— Nan, je vais me recoucher, là. Je voulais juste pisser.

— Dans la salle de bains ? Pour info, les toilettes sont à côté de la porte d'entrée.

— Han, très drôle ! Y a papa dans les toilettes.

— Donc, tu t'es dit que tu pouvais uriner dans le lavabo, c'est ça ?

— Ouais... Ou dans la douche...

— Certainement pas ! Tu n'as qu'à patienter. Ça prendra cinq minutes maximum. Ton père ne va pas prendre le risque de louper le début de son émission.

Alban n'attend pas la fin de ma phrase pour s'éclipser. Je mouille un gant avec de l'eau froide avant de m'en tamponner doucement le visage. J'ai vraiment besoin de vacances. Pas forcément longues, juste quelques jours au bord de la mer. J'ouvre le placard. Il me semble que j'ai quelque part une crème pour les poches sous les yeux. Bien que concentrée sur ma recherche, je vois Alban passer dans mon champ de vision en direction de sa chambre. Je fanfaronne.

— Je t'avais dit que ça ne serait pas long !

— Ah, non ! Papa est toujours aux chiottes, répond-il en s'enfermant dans sa chambre.

— Ne me dis pas que tu as uriné dans l'évier de la cuisine ?

— Nan, t'inquiète. J'ai pissé par le balcon, répond Alban.

La cloison de placo est si mince que je l'entends comme s'il était dans la même pièce.

— Quoi ? dis-je en me précipitant sur la porte de sa chambre que j'ouvre à la volée. Tu as pissé par le balcon ? Mais… et les gens qui passent dans la rue ?

— T'inquiète, je te dis. J'ai visé les plantes de la voisine du dessous.

— Oh, Alban !

— Putain, ça va ! Ce n'est pas la première fois que je le fais, en plus. Jusqu'à maintenant, y a pas eu mort d'homme.

— Tu sais qu'on peut avoir des ennuis ? Ce que tu fais, ça s'appelle de l'exhibitionnisme.

— Pfff ! N'importe quoi !

Je suis consternée. Comment ai-je pu rater à ce point l'éducation de mon fils ? Il me semble pourtant avoir tout fait pour lui inculquer les règles de base du savoir-vivre en société. À quel moment cela a-t-il dérapé ?

Alors que dans le salon Xavier, auréolé par la fumée de ses cigarettes, est absorbé par les commentaires du présentateur du jeu, je sors le sac de voyage du placard de la chambre, le pose sur le lit, l'ouvre. Je ne sais même pas quoi mettre dedans. J'ai tout fait pour échapper à ce séminaire, mais Delamare n'a rien voulu savoir. Deux jours complets, une longue soirée et toute une nuit avec mes collègues. Comment vais-je tenir le coup ?

3

Le jour n'est pas encore levé. Je patiente sur le quai du RER en me frottant les mains pour chasser l'engourdissement dû au froid. Un vent glacial soulève les pans de mon écharpe et s'immisce dans mon cou. Je frissonne. Le train s'arrête dans un crissement de freins. Je soulève mon gros sac de sport contenant mes affaires pour deux jours et pénètre dans le wagon tandis qu'une voix féminine robotisée annonce le nom de la station : Theuville-sur-Glaise. Je m'installe près d'une fenêtre et sors mon étole de laine grise, celle qui fait office de coussin dans les transports en commun et que je lave chaque week-end. Pelucheuse et élimée, elle ne ressemble plus à rien mais est bien pratique lorsque je me sens crevée. Je la plie avec méthode, la cale contre la vitre avant d'appuyer ma tête dessus. Les arbres décharnés et les pavillons de banlieue se succèdent sous un ciel gris souris. Je songe à l'e-mail de Delamare.

« Le minibus stationnera devant le kiosque à journaux. Départ prévu à 7 h 15 pétantes. Attention aux retardataires ! Vous serez conduits en Eure-et-Loir, près de Chartres, où se déroulera le séminaire. Vous y resterez jusqu'au lendemain 18 heures... »

Ça sonne davantage comme une réclusion qu'une invitation à participer à un moment censé fédérer l'équipe. Le boss a toujours le chic pour susciter l'envie, et sa remarque sur les retardataires ne concerne en réalité qu'une seule personne : Valéria. J'ai plusieurs fois entendu Delamare se plaindre de ses retards perpétuels. Je soupire et ferme les yeux. Douze années que je travaille là, et combien d'autres encore ? Et ce séminaire… Pour quoi faire ? Delamare répugne à organiser ce genre de choses, d'habitude. Il dit que ça coûte cher et que la plupart du temps ça ne sert à rien. Mais là, il paraît que la situation est devenue intenable. L'ambiance entre collègues est délétère et nuit gravement au bon fonctionnement de l'entreprise. Personnellement, je ne trouve pas que les choses ont changé, mais j'ai trop la tête dans le guidon pour remarquer quoi que ce soit. Et puis je ne me mêle pas aux autres. Le midi, je préfère de loin mon Tupperware. En général, je trouve tout juste le temps d'aller le faire réchauffer dans la cuisine avant d'avaler vite fait mon repas en terminant d'écrire un e-mail.

Mes paupières sont lourdes, et je lutte contre l'endormissement. Le trajet est plus court que celui que je parcours d'habitude, donc, dormir est trop risqué. Le train ralentit puis s'immobilise entre deux stations. Merde ! Que se passe-t-il ? Les minutes s'écoulent. Longues. Très longues. Au bout de douze minutes, on nous annonce que le trafic est perturbé suite à un incident voyageur. Des voix s'élèvent. « Fais chier, bordel ! » « S'ils veulent se suicider, ils ont qu'à se pendre ! » Je regarde ma montre. Si le train ne repart pas d'ici à cinq minutes, je vais louper le départ du minibus. Jamais je n'ai été aussi stressée.

Que se passera-t-il si je loupe le séminaire ? Est-ce que Delamare peut me licencier ? Avec Xavier qui ne gagne plus rien, ça serait une catastrophe. Non, on ne peut pas virer quelqu'un pour un retard, d'autant plus quand c'est la première fois que ça arrive.

Après une attente qui me semble interminable, le train s'ébranle enfin. Une station, deux stations. Le train avance lentement, s'éternise de nombreuses secondes à chaque arrêt. L'impatience me met le feu aux joues. Enfin, la station où je dois descendre ! Sur le quai, je me hâte vers la sortie en me frayant un passage à travers la foule. Parvenue à l'extérieur, je cherche désespérément le minibus. Il y a des voitures, un taxi, un étudiant qui distribue des journaux gratuits, des gens qui se disent bonjour, d'autres qui marchent d'un pas rapide vers leur lieu de travail… Je vois bien le kiosque, mais pas de bus. Aucun visage connu non plus. J'avais espéré que Valéria serait une fois de plus en retard et que cela repousserait le départ, mais non. Valéria n'est pas assez conne pour se faire remarquer le seul jour où il vaut mieux éviter. Désespérée, je laisse glisser le sac de mon épaule. J'ai envie de pleurer.

Soudain, j'aperçois un homme courtaud et enrobé accourir vers moi. Âgé d'une cinquantaine d'années, il a le crâne dégarni et porte de petites lunettes rondes à monture dorée. Quel soulagement ! C'est Ahmed, le chef d'atelier, celui que je préfère parmi tous les autres employés. Est-il en retard lui aussi ?

— Claire, le bus est garé là-bas, dit-il, essoufflé, en pointant le doigt vers un véhicule arrêté en double file à une centaine de mètres, feux de détresse allumés.

— Je croyais que vous étiez partis !

— Le bus venait de démarrer quand je t'ai vue. J'ai demandé au chauffeur de t'attendre.

— Oh, merci, Ahmed !

— Vite ! Ça râle…

En montant dans le véhicule, j'essuie en silence l'œil assassin du chauffeur et quelques quolibets de mes collègues. « Ben alors, Claire, t'as fait des folies de ton corps hier soir ? » « Non, elle n'a pas supporté un changement dans sa routine. Le choc l'a mise en retard ! » Valéria a même le culot de faire remarquer que les retardataires sont toujours les mêmes. Mais, très vite, ils se désintéressent de moi et ne m'adressent plus la parole. Assise seule dans le fond du bus, mon gros sac de sport à côté de moi, je tends le cou pour voir les crânes qui dépassent des fauteuils. J'effectue un comptage discret. Mehdi, Cyril, Benoît et Stefano, les commerciaux. Prune, la petite main censée m'aider mais qui est tout le temps réquisitionnée par la comptabilité. Valéria et Soraya, les comptables. Pascale, leur cheffe. Et Ahmed, mon sauveur. Je constate en soupirant que tout le monde est là. Je ne serai donc pas épargnée, ne serait-ce qu'un petit peu. Hormis Ahmed, tout le monde peut potentiellement s'avérer désagréable. Derrière la vitre, le paysage morne de la banlieue défile lentement. Je suis tentée de sortir mon étole pour m'y appuyer mais je me ravise car le risque d'endormissement est élevé. Je suis censée participer à l'ambiance générale, faire corps avec les autres. C'est bien ce que Delamare attend de ce séminaire, non ? J'essaye d'écouter les conversations mais les bourdonnements conjugués du moteur et du chauffage étouffent les paroles des uns et des autres. L'effort à fournir est trop important alors que je lutte déjà pour garder les yeux ouverts. Par intermittence, des éclats de rire percent le bruit ambiant. C'est Valéria et Soraya. Au bureau aussi, elles sont tout le temps en train de se marrer. Qu'est-ce qui peut les faire rire comme ça ?

Petit à petit, la circulation semble se débloquer. Le décor extérieur se désurbanise et quelques espaces verts font leur apparition. Même si les arbres n'ont plus de feuilles, voir leurs branches se découper sur le lever du soleil m'apaise. Mon téléphone vibre. Je mets du temps à l'extirper de mon sac. C'est un SMS de Xavier.

« *Y a plus de beurre ?* »

Je me mords la lèvre inférieure. J'ai utilisé le dernier morceau de beurre la veille et j'ai oublié d'acheter une plaquette d'avance en faisant les courses il y a deux jours. Je le préviens :

« *Non, je l'ai fini hier soir. Désolée. Je crois qu'il y a un reste de margarine dans la porte du frigo...* »

La réponse ne se fait pas attendre :

« *J'aime pas la margarine, tu le sais, merde ! Comment je fais maintenant pour mon petit déj' ?* »

Je brûle d'envie de lui répondre que l'épicerie de quartier se trouve à moins de cinquante mètres de notre immeuble, mais il est préférable de s'abstenir. Depuis quelques jours, il s'est remis à sangloter. Comme si passer ses journées à la maison à traîner en pyjama avec une barbe de plusieurs jours ne suffisait pas. Je ne peux pas lui demander de sortir. Il faudrait qu'il s'habille, se lave les dents, se donne un coup de peigne, enfile ses chaussures...

Un effort trop lourd. Je cherche quoi lui répondre lorsque Stefano, le commercial en charge des régions Île-de-France et Grand Est, s'avance vers moi dans la travée centrale.

— Salut, ça va ?

— Oui...

Sans prêter attention à ma réponse, il s'assied à l'opposé de moi, ouvre son ordinateur portable sur le siège à côté de lui et plie méticuleusement son manteau avant de le poser sur le siège suivant. Visiblement, il a pris la banquette du fond pour une annexe de son bureau. Il se met à consulter ses fichiers lorsque son téléphone sonne.

— Salut, Denis !

Je tends l'oreille. Denis, c'est Delamare, le patron. Stefano et lui sont très proches. Je crois même qu'ils se voient en dehors du travail. Je me demande comment on peut être ami avec Delamare. Il est détesté de tous. C'est un homme odieux, il aboie sur tous ses salariés et prend du plaisir à les humilier. Il est irascible et imprévisible. Il peut passer du rire à la colère et inversement en une fraction de seconde.

— Oui... non, mais qu'est-ce que tu me fais, là ? Sans déconner, deux jours en Eure-et-Loir, t'es sérieux ? Avec tout le taf que j'ai ? Oui, enfin, donner le change, ça a bon dos cinq minutes... Oui... Pfff... Oui... OK. De toute façon, je te l'ai dit, j'ai rendez-vous demain à 19 heures dans le seizième. Il y a l'assemblée générale de l'immeuble avenue Victor-Hugo, je ne peux pas louper ça, il y a une grosse enveloppe en jeu. Comment ? Oui, je partirai au moment du déjeuner pour être sûr... Ouais... Salut.

J'observe Stefano. Il rajuste ses boutons de manchette en or, étudie ses ongles manucurés, époussette une particule invisible sur son pantalon de costume. Se sentant scruté, il me jette un regard vide, comme si j'étais un meuble ou une plante. C'est vrai que je ne dois pas représenter grand-chose pour lui. Stefano, c'est LE commercial, respecté de tous. D'origine italienne, approchant la cinquantaine, grand, belle stature, une chevelure foisonnante poivre et sel, calme, pondéré, il ne fume pas et porte des trois-pièces de marque. Il explose tous les objectifs. Et quand les autres lui demandent comment il fait, il répond toujours que lorsqu'on a deux pensions alimentaires à verser, on n'a pas d'autre choix que de cartonner. Tous les jours je travaille pour lui, comme pour tous les autres, et pourtant je me demande parfois s'il connaît mon prénom. Je ne parviens pas à me souvenir d'un jour où il l'aurait prononcé.

Dans ma main, mon téléphone vibre. Je regarde l'écran. C'est à nouveau Xavier.

« Tu seras contente d'apprendre que je mange les céréales d'Alban ! »

À n'en pas douter, le ton est agressif. Je soupire. Je rêve d'un monde où oublier d'acheter du beurre ne m'exposerait pas aux foudres du loser spécialiste ès canapés !

4

Une heure et demie plus tard, le bus s'immobilise au milieu d'une cour gravillonnée flanquée de trois longues bâtisses de plain-pied disposées en U. La façade du bâtiment central est agrémentée de colonnes de style corinthien sur lesquelles des guirlandes courent encore à côté d'un père Noël gonflable. Le lieu, perdu au milieu d'une campagne plate et morne, ressemble à un ancien hôtel bas de gamme pour VRP perdus dans la région. Il pleut dru, et personne ne semble motivé pour sortir du véhicule. Une femme blonde, âgée d'une cinquantaine d'années, vêtue d'un tailleur jupe, court dans notre direction en s'abritant sous un immense parapluie. Le chauffeur ouvre la porte pour lui permettre de monter à bord. Dans le bus, c'est le brouhaha. Chacun y va de son commentaire sur le lieu du séminaire. Valéria et Soraya sont excitées comme des adolescentes. On dirait Vic et Pénélope avant leur boum.

— S'il vous plaît ! intervient la femme.

Elle ne parvient pas à obtenir le silence.

— S'il vous plaît ! Un peu d'attention, clame-t-elle plus fortement.

Un calme relatif se fait. Valéria lâche un gloussement fébrile.

— Vous n'êtes que dix mais on dirait que vous êtes quarante, ajoute la femme. Bonjour à tous ! Je m'appelle Caroline, je serai votre animatrice pendant ces deux jours. J'espère que vous avez fait bon voyage. Comme nous sommes déjà en retard sur le programme...

— C'est à cause de la secrétaire, balance Cyril.

Quel con !

— Mon équipe va se charger de vos bagages, poursuit Caroline sans lui prêter attention, les acheminer dans le pavillon où se trouvent vos chambres, celui de gauche, qui s'appelle Maintenon. Comme vous pouvez le voir, il y a trois pavillons. Celui que vous apercevez au centre, Montespan, est l'endroit où seront servis vos repas, petit déjeuner, déjeuner et dîner. Celui de droite, Colbert, sert aux ateliers.

Elle fait des gestes, successivement vers la gauche, le centre et la droite. On dirait une hôtesse de l'air avant le décollage.

— Je vous laisse utiliser les toilettes de Montespan pour vous rafraîchir et nous nous retrouvons dans une dizaine de minutes pour le petit déjeuner. À tout de suite, dit-elle en descendant du bus.

— Maintenon, Montespan, Colbert... c'est comme dans un château, pouffe Valéria, tout de suite imitée par Soraya.

— C'est pourtant loin de ressembler à Versailles, enchaîne Mehdi.

— Tu m'étonnes ! rigole Benoît.

— Bon, vous descendez ? s'impatiente Stefano.

Oui, descendez, j'ai envie de faire pipi !

— Hé, minute, papillon ! crie Valéria. Tu permets que je repère d'abord par où on rentre ? J'ai pas envie d'être trempée, moi !

Valéria se baisse et observe un instant le bâtiment central tout en commentant à voix haute :

— Bon, attends voir... La porte d'entrée... La porte d'entrée... Elle est là ! C'est bon, vous pouvez ouvrir, dit-elle au chauffeur.

Le chauffeur s'exécute, et Valéria s'élance sous la pluie, suivie de près par Soraya, puis par Prune et Pascale. Ahmed, Mehdi, Cyril et Benoît descendent à leur tour. Stefano me jette un coup d'œil. Une seconde, je crois que c'est pour me laisser passer devant lui, mais non. Je suis la dernière à descendre du bus. Je ne sais que faire de mon sac de sport que je n'ai pas pu mettre dans le coffre à bagages comme les autres. Caroline a dit que son équipe allait venir chercher nos affaires alors j'attends un peu. Très vite, je suis trempée. Ne voyant venir personne, je décide de le porter moi-même dans ma chambre. Je me précipite en direction du bâtiment Maintenon mais la porte est fermée. Dépitée, je fais demi-tour. Il n'y a pas de solution, je vais devoir garder mon sac avec moi. Ruisselante, je pénètre dans le bâtiment Montespan. L'éclairage au néon me fait plisser les yeux. Une feuille A4 est scotchée sur le mur qui me fait face. « W-C » est écrit au feutre noir au-dessus d'une flèche indiquant un couloir sur ma droite. Je jette un œil dans la salle à gauche. Un buffet sommaire a été dressé. Des corbeilles en paille contenant des croissants et des pains aux raisins, des cafetières à côté de gobelets en plastique, sans doute des restes de stocks à écouler. Mes collègues ont l'air de se gaver. Les viennoiseries me font saliver. Je me suis levée plus tôt que d'habitude, je n'ai pas pris de petit déjeuner pour ne pas réveiller Alban, et maintenant la faim commence à se faire sentir sauvagement. Avaler quelque chose me fera du bien.

D'abord, me dépêcher d'aller aux toilettes, sinon je ne garantis plus rien. Je m'engage dans le long couloir étroit. Mon sac m'encombre. Quelle idiote je fais ! Pourquoi ne l'ai-je pas laissé près du buffet ? Personne n'y aurait touché. Je n'aime pas mes collègues, mais ce ne sont pas des voleurs. Les toilettes pour femmes sentent l'urine, et le sol est sale. Où vais-je bien pouvoir poser mon sac ? Tant bien que mal, je l'accroche à la patère fixée derrière la porte. L'espace est très étroit. Mon envie est très pressante. Je déboutonne mon pantalon, me trémousse pour le faire descendre plus vite, glisse ma culotte sur mes genoux. Hors de question de m'asseoir sur la cuvette. Je relève mon pull des deux mains et me plie en deux. Fesses en arrière, je ne peux faire autrement que de positionner le haut de mon corps sous mon sac de sport pendu à la porte. C'est acrobatique, mais je n'ai pas le choix. Enfin, je peux soulager ma vessie ! Ça dure un peu, je me retenais depuis si longtemps !

Soudain, un craquement sec déchire le silence. Je n'ai pas le temps de me demander d'où ça vient. La patère, fragilisée par le poids du sac, se détache de la porte. D'un seul coup, mon sac tombe sur ma tête, me projetant sur le sol dans un cri. Ma pommette droite heurte violemment le carrelage. À moitié assommée, ratatinée sur moi-même, la tête sous le sac et les fesses à l'air, je ne bouge plus. Il me faut plusieurs secondes pour réagir. Enfin, je repousse le sac avec difficulté et redresse la tête en gémissant. Oh, ce que j'ai mal à la joue ! Je me lève péniblement, remets ma culotte et mon pantalon. Par chance, je n'ai pas à déplorer d'urine sur mes vêtements. La patère a laissé place à un trou dans le contreplaqué de la porte.

— Oh, merde ! dis-je en me frottant le coude.

J'ouvre la porte, prends mon sac, le dépose sur le lavabo le moins sale et m'observe dans le miroir. Une grosse rougeur tirant sur le violet est apparue sur ma pommette.

Non, pitié !

Que vais-je bien pouvoir dire ? Que je suis tombée dans les chiottes ? L'eau du robinet est glacée. Délicatement, je m'en tamponne le visage à l'aide d'un mouchoir en papier avant de me laver les mains. Puis j'entreprends l'inventaire des dommages. Outre la joue, il y a le coude où un bleu a déjà commencé à apparaître, et le majeur droit qui est un peu écorché. J'arrive à le bouger, c'est douloureux, mais il n'est pas cassé. Je me recoiffe rapidement avec ma main gauche puis prends mon sac et parcours le long couloir dans l'autre sens. La salle du buffet est vide. Quelle angoisse ! Je vais encore être la dernière. Sur la table ne subsistent que quelques miettes de croissant. Ma faim ne sera donc pas calmée avant le déjeuner. Je sors du bâtiment et gagne Colbert en courant sous des trombes d'eau. Des écriteaux indiquent le nom des salles. Poséidon, Persée, Héraclès… Je geins, paniquée. Mais où est-ce ? Je déteste me faire remarquer, et, là, ça semble mal parti.

Soudain, j'entends le rire de Valéria résonner. Je me laisse guider par le son de sa voix jusqu'à une salle appelée Athéna. J'ouvre la porte. Tout le monde a pris place autour d'une table circulaire. De l'autre côté de la pièce, une chaise non occupée, et sur la table, une feuille cartonnée pliée en deux sur laquelle figure mon prénom. Je suis obligée de contourner tout le monde avec mon sac. Décidément, ce séminaire commence vraiment mal. Lorsque je passe derrière lui, Stefano me fait remarquer que je suis encore en retard. Enfin, je parviens à ma place, pose mon sac derrière ma chaise et m'assieds. Je suis coincée entre Soraya et Cyril.

— Qu'est-ce que t'as foutu ? me demande ce dernier, sans attendre de réponse.

Je t'emmerde !

Le point positif, c'est que personne ne semble avoir remarqué ma joue tuméfiée.

5

Debout, Caroline présente ses collaborateurs. Gaëtan et Jennifer. Cette dernière rougit vivement à l'énoncé de son prénom. Je tente en vain de lui adresser un sourire d'encouragement mais elle ne semble pas me voir. Après avoir évoqué le déroulement des deux jours de séminaire, Caroline enchaîne :

— J'aimerais maintenant que l'un d'entre vous se dévoue pour me présenter votre entreprise...

— Ben, moi je veux bien, répond Valéria en levant la main comme à l'école.

Caroline note quelque chose dans son carnet.

— Parfait, je vous écoute, répond-elle dans un sourire.

Tout le monde se tourne vers Valéria qui exulte.

— Alors, Nextlift est une PME créée en 1996 par monsieur Delamare, qui est toujours notre patron. Nous sommes fabricants et réparateurs d'ascenseurs, et nous sommes aussi spécialisés dans la création d'ascenseurs de luxe pour les immeubles de grand standing. On est dix-huit salariés. En fait, tout le monde ne participe pas au séminaire. En plus de l'équipe présente aujourd'hui, il y a six salariés à l'atelier et deux dépanneurs.

— Très bien. Merci, Valéria. On va maintenant faire un rapide tour de table où chacun va se présenter avant que nous rentrions dans le vif du sujet.

Mon ventre se noue. Je déteste parler en public.

— Oui, alors… je m'appelle Valéria, mais ça vous le savez déjà, glousse-t-elle. Je travaille au service comptabilité et ressources humaines. Dans certaines entreprises, ces services sont séparés, mais nous, on est une petite boîte alors c'est mélangé. Je m'occupe, euh… de tout un tas de choses. Entre autres, c'est moi qui émets les feuilles de paye et qui m'occupe du virement des salaires. C'est vous dire si je compte ! Faut pas que je tombe malade en fin de mois, sinon c'est la bérézina !

Elle éclate de rire.

— Très bien, dit Caroline, affichant toujours le même sourire poli. Pouvez-vous me parler un peu de vous de manière plus personnelle ? Par exemple, quels sont vos loisirs ? Qu'est-ce que vous aimez dans la vie, ou au contraire qu'est-ce qui vous révolte ? Si nous sommes réunis aujourd'hui, c'est dans le but de vous rapprocher un peu les uns des autres, de créer une cohésion.

— Pas de problème ! enchaîne Valéria, ravie de pouvoir se mettre un peu plus en avant. Alors ma grande passion, c'est le *nail art*. Regardez !

Elle se penche au-dessus de la table pour exhiber ses longs ongles vert foncé décorés de notes de musique dorées.

— C'est vous qui avez fait ça ? demande Caroline dont les ongles sont simplement rouges.

— Bien sûr, s'offusque Valéria. Qui voulez-vous que ce soit ? Plus de trois heures de boulot. Je change tous les dimanches. Ce qui fait que chaque lundi matin, Soraya se jette sur mes doigts pour voir mes ongles refaits. Je ne réalise jamais la même chose...

— Vous avez des enfants, Valéria ?

— Non. Pas de gosses. Pas de mec. Enfin, pas en ce moment, pouffe-t-elle.

Subitement, je me souviens de ce déjeuner où, avalant rapidement le contenu de mon Tupperware près de la machine à café, j'ai surpris une conversation entre Benoît et Cyril. Ce dernier évoquait le fait que Valéria se glissait souvent sous le bureau de Delamare.

— Dès qu'il a envie d'une gâterie, hop, il la sonne. Tu savais que Valéria portait un dentier ? Elle en a un en haut et un en bas. Comme quoi, les sans-dents font parfois bon ménage avec le patronat, ricanait-il.

— C'est pas possible ! avait répondu Benoît. Comment t'es sûr que c'est pour ça ?

— Puisque je te le dis. Leur code, c'est « dans mon bureau », et quand il rajoute « immédiatement », t'es sûr que c'est pour ça !

J'ignore pourquoi, mais cette question de dentier avait supplanté tout le reste dans ma tête. Les Monica Lewinsky ne sont pas si rares, mais une femme édentée alors qu'elle n'a pas encore 35 ans, voilà qui est moins commun. J'y ai pensé pendant plusieurs jours, puis j'ai fini par me dire que Cyril racontait sûrement n'importe quoi, comme c'est souvent le cas.

— Parfait. Merci, Valéria. Nous vous écoutons, Soraya, poursuit Caroline.

C'est bientôt mon tour. Qu'est-ce que je vais bien pouvoir dire ? Je n'ai aucune envie de parler de ma vie, d'autant plus qu'il n'y a rien à raconter. Je vais devoir m'étendre longuement sur mon boulot pour noyer le poisson. Quel enfer ! Pourquoi est-ce que je suis venue à ce séminaire pourri ? J'aurais dû me faire porter pâle. Et si je partais maintenant ? Je pourrais prétexter un drame familial, éclater en sanglots et partir... Oui, tiens, c'est ça. Je n'ai qu'à faire ça. De toute façon, je ne pourrai pas tenir deux jours ici. L'endroit est trop glauque, et mes collègues m'insupportent.

Discrètement, je saisis mon sac à main et le pose sur mes genoux. Je ne peux prétendre à un drame si je n'ai pas mon téléphone en main. Sinon, comment aurais-je été prévenue ? Je tâtonne à l'aveugle dans le fond de mon sac mais ne parviens pas à le trouver. Où est-il ? Quand m'en suis-je servie pour la dernière fois ? Mon cœur se comprime d'un coup. Le bus ! Et si je l'avais oublié sur mon siège ? Non, attends, Claire, pas de panique. Réfléchis. Je sonde ma mémoire mais je ne me revois pas poser mon téléphone quelque part. Je ne me vois pas non plus le ranger. Il faut que j'en aie le cœur net. Avec des gestes nerveux, j'écarte les deux pans de mon sac sans plus faire attention aux autres. Un paquet de Kleenex, un vieux rouge à lèvres, un flacon de gel hydroalcoolique, plusieurs enveloppes ouvertes contenant des factures à régler, un peigne, mon porte-monnaie, mon chéquier, mon portefeuille... mais pas de téléphone. Si je l'ai oublié dans le bus, c'est une catastrophe ! Je continue de fouiller, lorsqu'il me semble entendre quelqu'un prononcer mon prénom. Je relève la tête. Tous les regards sont braqués sur moi.

— Ça va ? On te dérange pas ? rigole Cyril.

— Hein ?

— C'est à vous, Claire, on vous écoute, me dit Caroline d'une voix pleine de douceur.

Oh, merde !

Je me sens rougir jusqu'aux oreilles.

— Ah ! Eh bien… Euh… je m'appelle Claire Chaumont… Je suis secrétaire…

— Non, vous êtes assistante de direction, m'interrompt Caroline. C'est ce qui est inscrit sur mes fiches.

— Oui, enfin, c'est la même chose. Le travail reste le même, c'est juste une question d'appellation.

— Je ne suis pas d'accord, mais nous aurons peut-être l'occasion de développer cela plus tard. Je vous en prie, poursuivez.

— Je travaille chez Nextlift depuis douze ans. Euh… mon bureau est situé au rez-de-chaussée… Enfin, je travaille derrière un comptoir d'accueil.

— Donc, vous êtes assistante de direction et hôtesse d'accueil ?

— Oui.

— Et en quoi consistent vos tâches ?

Indifférents à ce que je peux raconter, Valéria et Soraya discutent à voix basse, Stefano allume son ordinateur tandis que Mehdi et Benoît ont le nez plongé dans leurs smartphones.

— Je gère les appels, je m'occupe de l'approvisionnement des fournitures et des flyers, j'envoie les e-mails et les courriers de monsieur Delamare et des commerciaux, je m'occupe de réserver leurs hôtels, je tiens les plannings de leurs déplacements, je vérifie leurs devis et leurs notes de frais avant transmission à la comptabilité…

— Vous devez être très occupée.

— Oui.

— Et à part le travail, qu'est-ce qui vous passionne dans la vie ? Qu'est-ce qui vous remue ?

— Ah... Euh... Eh bien, je vis maritalement, j'ai un fils de 18 ans... Alban...

— OK. Et vous avez des loisirs ? Que faites-vous de votre temps libre ?

— Euh... rien de spécial.

— Tout le monde aime faire quelque chose, pas vous ?

— Si, bien sûr...

J'aime créer des bijoux, fabriquer des accessoires féminins avec du tissu, des plumes, des perles, des pierres semi-précieuses. Mais hors de question que j'en parle. C'est intime. Ils n'ont pas besoin de le savoir, et puis ça fait bien longtemps que je ne crée plus rien. Quelle galère ! Si je n'ai rien à dire, je vais passer pour la ratée de service. Il faut absolument que je trouve une idée.

À travers la fenêtre, mon regard tombe sur le père Noël en plastique gonflable. Jambes écartées, il semble glisser le long de la colonne corinthienne du bâtiment principal.

— J'aime la *pole dance*, je murmure.

— Pardon ?

— Je pratique la *pole dance*, dis-je sans réfléchir. C'est comme ça que j'occupe mon temps libre.

Tous mes collègues ont relevé la tête et me dévisagent.

6

À midi trente, tout le monde est invité à regagner le bâtiment Montespan pour déjeuner. Arrivée encore une fois dernière dans la salle, toujours encombrée de mon gros sac de sport – Caroline n'a pas fermé à clé la salle de séminaire –, je prends place en bout de table à côté de Jennifer. Il n'y a personne en face de moi mais je m'en fous complètement. J'ai retrouvé mon téléphone, et c'est tout ce qui compte. Je n'avais pas remarqué cette déchirure dans la doublure de mon sac à main.

Caroline, qui est assise en face de Jennifer, m'adresse un grand sourire.

— Après le repas, Gaëtan amènera votre bagage à votre chambre. Ça vous évitera de le trimbaler cet après-midi.

Gaëtan acquiesce d'un hochement de tête tandis que je le remercie.

— Alors, Claire, parlez-moi de la *pole dance*, ça m'intrigue beaucoup. Comment vous est venue l'envie de faire ce sport ? Et ce bleu, là (elle pointe son index sur sa propre joue), c'est une chute de *pole dance* ?

Et voilà. J'en étais sûre ! Pourquoi ai-je eu une idée aussi saugrenue ? Je n'aurais pas pu dire que je faisais de la pâtisserie, ou de la couture ?

— C'est-à-dire que...

Un type poussant un chariot s'arrête devant nous et commence à servir les entrées, s'insérant entre les convives pour déposer les assiettes. Les crudités, probablement industrielles, baignent dans une sauce blanche, mais j'ai tellement faim que je pourrais manger n'importe quoi. Le visage de Caroline est tendu vers ma réponse. Que vais-je bien pouvoir dire ? Juste au moment où je m'apprête à répondre, la sonnerie de mon téléphone retentit, une sorte d'alarme qui résonne dans toute la salle. Paniquée, je me lève de table, bafouille des excuses et me précipite vers la cour extérieure. Il ne pleut plus mais le ciel est d'un gris menaçant. J'extirpe l'appareil de mon sac. L'écran affiche un numéro inconnu. J'hésite. Non, il vaut mieux décrocher. On ne sait jamais, il pourrait être arrivé quelque chose à Alban.

— Claire ?

La voix féminine et aiguë m'est familière. Tout comme les gazouillements d'oiseaux que je perçois en fond. Oh, non, c'est ma voisine ! Cela fait des années qu'elle me fait partager sa passion pour les appareils électroménagers. Là, ça tombe assez mal.

— Madame Brunovitch ?

— Oui.

— Vous avez changé de numéro ?

— Oui. J'ai eu un problème avec mon téléphone. Dites-moi, je vous appelle concernant l'aspirateur Taïzon. On vient de me prêter le 5008 pour que je le teste. Vous savez, c'est le dernier qui vient de sortir...

— Euh... madame Brunovitch, je ne vais pas pouvoir...

— J'ai un énooorme dilemme et vous devez absolument m'aider.

— Ah !

— Voilà, je ne sais pas quoi faire. D'un côté, je préfère toujours acheter les derniers modèles, donc, en théorie, je devrais investir dans le 5008. Mais, d'un autre côté, le 4008 a une fonctionnalité qu'ils n'ont pas remise dans le 5008. Vraiment, je me demande ce qu'ils ont dans la tête ! Ils créent un modèle neuf et ils enlèvent une fonctionnalité ! Enfin, bref, le 4008 peut aspirer de l'eau, pas le 5008. Cela fait quand même une énooorme différence. Alors, qu'est-ce que je fais à votre avis ?

— Écoutez, je suis à un sémin...

— En revanche, le 5008 a une puissance d'aspiration deux fois supérieure. Vous vous rendez compte ? Il peut même aspirer des choses restées collées au sol. Vous avez vu la pub ?

— Non, je n'ai...

— On voit cette femme qui passe l'aspirateur avec le Taïzon 5008, et il y a des pelures de poires collées au carrelage. Bon, ne me demandez pas comment elle a fait pour en arriver là. Toujours est-il qu'elle passe l'aspi, et là, pof ! ça se décolle comme par magie. Après, elle recommence avec du chocolat écrasé...

— Madame Brunovitch, je suis désolée, mais je ne peux pas rester au téléphone.

— Vous avez quoi ?

— Je suis en séminaire...

— Mais non ! Vous avez quoi, comme aspirateur ?

— Ah... J'ai un Rubtus.

— Oh ! Vous avez un Rubtus, dit-elle comme si je venais de lui annoncer une grave maladie. Alors vous n'êtes peut-être pas la meilleure personne pour m'aider. Et vous n'avez pas envie de vous acheter un Taïzon ?

— Euh… non, ce n'est pas prévu.

— Vous pensez que la concierge saura me conseiller ? Parce qu'il faut que je sache quoi faire. Figurez-vous que je n'en ai pas dormi de la nuit. Et la différence de prix, ça vous intéresse ?

— Je dois vous laisser…

— Le 5008 coûte cent dix euros de plus. Quand même, ce n'est pas rien !

— Je suis au travail, je dois absolument vous laisser, madame Bruno…

— Oui, ben d'accord. Je vous rappelle ce soir pour vous dire où j'en suis de mes réflexions.

— Non, non, ce soir, je ne serai pas disponible… Allô ? Allô ?

Énervée après moi-même, je retourne dans la salle en soupirant. Pourquoi ai-je toujours tant de mal à clore une discussion avec Mme Brunovitch ? Même si je ne peux pas l'envoyer promener, je dois me montrer plus ferme. En me rasseyant à table, je constate que mon assiette de crudités a été emportée et qu'une autre emplie de viande la remplace. Du mouton. Je déteste ça. Je n'ai jamais pu oublier ce déjeuner de juillet 1997 qui m'avait rendue si malade. Je préfère ne pas y toucher. Le risque est trop grand, et vomir tout l'après-midi n'est pas prévu au programme des activités. Il me restera encore le dessert pour calmer ma faim. Enfin, je l'espère. En attendant, la conversation ne roule plus sur la *pole dance*. C'est déjà ça.

7

Il est plus de 18 heures quand je peux enfin regagner ma chambre. J'appuie sur l'interrupteur. Une lumière froide jaillit d'une boule en papier japonais accrochée au plafond. La pièce est spartiate. Un lit double, une seule table de nuit, une armoire toute simple en mélaminé et une fenêtre donnant sur la cour. Mon sac posé au pied du lit. Attenante à la chambre, une salle de douche exiguë avec toilettes. Ouf ! Enfin, un peu d'intimité. J'aurais eu horreur de partager les cabinets avec les autres. Je m'assieds sur le lit et hésite à m'allonger. Je dispose de presque deux heures avant le dîner, mais est-ce que je ne risque pas de m'endormir ? La fatigue est toujours là, bien présente. Je pourrais mettre un réveil, mais non, mieux vaut éviter. Dormir en début de soirée va perturber mon sommeil qui est déjà si fragile. Je téléphone à Xavier. Tout va bien. Alban et lui ont prévu de se faire livrer une pizza. Je décide ensuite d'appeler mon amie Virginie. Cette dernière décroche après trois tonalités.

— Ma puce chérie ! Ça me fait tellement plaisir d'avoir de tes nouvelles !

— Moi aussi. On ne s'est pas parlé depuis un moment !

— Je dirais au moins dix jours. Alors, quoi de neuf ?

— Rien de spécial. Alban a encore eu de sales notes cette semaine. Il a séché plusieurs cours. Je ne sais pas ce qu'il fait dehors avec ses copains. Quand il est à la maison, il reste le plus souvent enfermé dans sa chambre. Je crois qu'il joue sur son ordi.

— Il est toujours agressif avec toi ?

— Non... De ce côté-là, ça va mieux. Sinon, Xavier n'a pas cherché de boulot plus de quinze minutes d'affilée. En revanche, les émissions culinaires, il n'en loupe pas une. Et puis moi... rien. Toujours la même chose..., même boulot, même vie. Trois heures de transport par jour, quand il n'y a pas de grève. Je suis crevée...

— Oh, mais ça va pas du tout ! On se croirait dans un mauvais film, là ! Pourquoi tu ne viens pas me voir pour te changer les idées ?

— Je ne peux pas.

— Quand on veut, on peut.

— Oui, enfin, c'est facile à dire. Je fais quoi d'Alban et de Xavier ?

— Tu plaisantes ? Ils sont assez grands pour se débrouiller seuls.

— Xavier n'a pas le moral en ce moment.

— Ce n'est pas étonnant. Passer tout son temps devant la télé, pas génial pour le moral. Être sans emploi non plus. Il faut qu'il se bouge, ton mec.

— Et mon boulot ?

— Je pense que tu as des congés comme tout le monde, non ? Là, tu es juste en train de te chercher des excuses pour ne pas venir... Ma puce, je suis désolée, mais il faut que je te laisse. Je suis invitée à une Chiot Party et je suis déjà en retard.

— Une quoi ?

— Une chiot-party. Je n'ai même pas encore eu l'occasion de te l'annoncer, mais j'ai adopté un chiot ! Il y a deux jours. C'est un cocker, une femelle. Tu verrais, elle est tellement craquante ! Elle a 3 mois, elle est couleur noisette avec des yeux dorés immenses. Je l'ai appelée Gloria. Normalement, c'est l'année des « S », mais j'en ai vraiment rien à faire.

— Tu ne m'avais jamais dit que tu voulais un chien.

— Je n'y avais jamais vraiment pensé. Il se trouve que la chienne de mon amie Vanessa a eu une portée, alors voilà... Je sais ce que tu vas me dire, que c'est beaucoup de contraintes et que c'est pour ça que tu n'en as jamais eu. Mais ne t'inquiète pas, je vais savoir gérer. Et puis j'ai le temps, je ne travaille pas. Gloria ne sera pas souvent seule.

— Et ça consiste en quoi, une chiot-party ?

— Eh bien, c'est une soirée où chaque personne amène son chiot. Il y aura les frères et sœurs de Gloria, mais aussi d'autres races. Vanessa a créé un groupe sur Facebook, qui rassemble les propriétaires de chiots du coin. Tout le monde peut participer à condition que l'animal soit vacciné. Ça va être super sympa. Il faut en profiter parce que dans quelques mois, Gloria ne sera plus un bébé...

— Oui, ça grandit vite, je réponds, comme si je parlais d'un enfant.

— Je te rappelle ce week-end, OK ?

— OK. Je t'embrasse.

— Moi aussi, très fort.

Dépitée, je me laisse tomber à la renverse sur le lit. Je me sens loquace, et l'indisponibilité de Virginie me frustre. Tout en promenant mon regard sur le plafond, je repense à ma rencontre avec elle. C'était au lycée, à Dijon. Nous étions dans la même classe et on avait été placées côte à côte par le professeur d'histoire. Il disait que l'impétueuse et volubile Virginie allait motiver l'effacée et timide Claire à participer davantage. Mais c'est le contraire qui s'est passé. Virginie est devenue plus calme et plus attentive en classe, et au fond, c'était sans doute ce que le professeur souhaitait. Après le bac, on a décidé de poursuivre nos études à Paris et de louer un appartement ensemble. J'avais entamé un BTS secrétariat de direction tandis que Virginie se lançait dans des études de marketing. Elle venait tout juste d'obtenir son diplôme quand elle a rencontré Nicolas lors de vacances sur la Côte d'Azur. Il habitait Cannes et pendant l'été vendait des paréos sur la plage. Il est tout de suite devenu l'amour de sa vie. Virginie est partie vivre en bord de mer. J'étais heureuse pour elle, mais si triste pour moi. J'ai déménagé dans un petit studio. Je galérais pour trouver mon premier boulot. Puis j'ai rencontré Xavier, et on s'est rapidement installés ensemble. Lorsque j'ai enfin trouvé du travail, Virginie était déjà mariée et mère de jumelles : Zoé et Nina. Elle a décidé alors de se consacrer à sa famille et de mettre sa carrière professionnelle entre parenthèses. Ma vie a suivi une voie bien différente de la sienne. Qu'est-ce qui a merdé ?

Une trace brunâtre étalée près du plafonnier attire mon attention. Probablement un insecte qu'on aura écrasé. L'ambiance de la pièce est glauque. Je me penche pour allumer la lampe posée sur le chevet mais l'abat-jour bleu ne parvient pas à donner une note chaleureuse. Je me sens gagnée par une profonde mélancolie. Virginie, ce soir, va s'amuser, rire, parler avec des personnes qu'elle aura rencontrées tout en choyant son petit animal, et moi… Qu'est-ce que je vais faire ? Rester dans ce trou pourri, cet hôtel qui se donne des airs de château de Versailles et de temple de Zeus, avec ces collègues stupides auxquels je vais devoir sourire tout en mangeant un repas probablement dégueulasse. Demain soir, Virginie sera chez elle avec son mari, une superbe villa sur les hauteurs de Cannes, avec piscine et vue panoramique sur la mer. Il la serrera dans ses bras, l'embrassera comme au premier jour, et ils prendront, *via* Skype, des nouvelles de leurs filles parties étudier à Los Angeles. Tandis que moi, après deux heures de transports en commun qui m'auront épuisée, je retrouverai mon appart en location de soixante mètres carrés, mon conjoint qui n'aura même pas mis le couvert et qui me demandera, à peine aurai-je franchi la porte : « Qu'est-ce qu'on mange ? » Rien que d'y penser, les larmes me montent aux yeux.

Je n'éprouve aucune jalousie à l'égard de Virginie. Je la chéris profondément et je suis très ravie de la savoir heureuse. J'ai même beaucoup de chance de l'avoir dans ma vie. On s'aime d'une amitié sincère et désintéressée et je sais que c'est rare. Mais il est vrai que la vie qu'elle mène me renvoie souvent à mon propre échec. Je suis si loin de l'existence dont je rêvais. Je me fiche d'avoir une villa avec piscine sur la Riviera, non, moi, ce que j'aurais voulu, c'est un petit mas en Provence, à l'écart de la foule, au milieu de champs de lavande et de tournesol. J'aurais pu me consacrer à ce que j'ai toujours voulu faire : créer des accessoires pour femmes. J'ai toujours été douée de mes mains. Au lieu de ça, je végète depuis des années dans ce travail de secrétariat. Sans parler de mon ménage qui ne me satisfait plus. Je suis en couple avec un loser et c'est de ma faute. Je suis nulle et je n'ai que ce que je mérite. Parfois, je me demande même quel intérêt peut encore trouver Virginie à me fréquenter.

Plusieurs coups frappés à la porte me font sursauter. Je me lève et vais ouvrir. C'est Caroline. Elle avise mes yeux rougis.

— Claire, ça va ?

— Oui...

— Pourquoi ne venez-vous pas avec nous ? demande-t-elle avec douceur. Nous sommes en train de prendre l'apéritif.

— Euh... J'étais au téléphone...

— Ah, encore ce téléphone... Vous savez, un séminaire, c'est l'occasion de se rapprocher de ses collègues. De créer du lien.

— Oui, oui... J'arrive.

Je m'apprête à refermer la porte mais Caroline fait un pas en avant.

— Écoutez, ce n'est peut-être pas le bon endroit pour vous dire cela, mais ce séminaire, c'est aussi une opportunité pour vous d'échapper à votre quotidien...

— Oui, enfin...

— Vous savez, sous mes airs de battante, j'ai connu également des moments très difficiles. Mon mari était aussi un homme violent...

— Quoi ? Mais je ne suis pas...

— Vous croyez sérieusement que j'ai cru à votre chute de *pole dance* ?

— Vous ne pensez pas que c'est mon mari qui...

— J'étais comme vous, Claire. Prête à inventer n'importe quoi pour le protéger.

— Oh, je vous assure...

Caroline pose la main sur mon avant-bras.

— Ne vous inquiétez pas. Je ne vous juge pas et je ne dirai rien. Pour l'instant, coupez ce téléphone et venez nous rejoindre.

8

Je suis abasourdie. Caroline me prend pour une femme battue ! Est-ce que mes collègues croient à ça également ? Quelle idiote ! J'aurais dû me douter que mon histoire de *pole dance* ne serait pas crédible. Pfff ! Comment pourrais-je pratiquer un sport pareil ? Je ne suis même pas capable de faire trois pompes d'affilée ! Dans la salle de bains, j'observe mon reflet. L'éclairage est triste à mourir et me donne une mine blafarde. À moins que ce ne soit mon teint ? Je vais chercher ma trousse de toilette dans mon sac et reviens devant le miroir. Je sors mon peigne. Mes cheveux, pourtant courts, sont si secs qu'ils sont impossibles à coiffer. Et le blush que j'applique sur mes joues ne me donne pas meilleure figure. J'ai une tête à faire peur mais, pour le moment, je vais devoir m'en contenter.

Quelques heures plus tard, je regagne ma chambre avec soulagement. Quelle horrible soirée ! Me retrouver coincée pendant tout le repas entre Cyril et Mehdi qui ne peuvent pas se sentir était probablement la pire des configurations. Ils n'ont pas arrêté de s'envoyer des piques, avant que Cyril, qui avait trop bu, ne jette son dévolu sur moi. Son esprit, désinhibé par l'alcool, m'imaginait montant et descendant lascivement le long d'une barre de *pole dance*, en string et soutien-gorge pigeonnant. Il n'a pas arrêté de me répéter les mêmes paroles salaces. « Tu caches bien ton jeu, hein, petite coquine ? » L'enfer ! Heureusement, c'est fini. Cette nuit, Cyril va dessaouler et demain il ne se souviendra probablement de rien.

Je me déshabille lentement et enfile mon pyjama. J'ai aussi apporté mes pantoufles. Je déteste être pieds nus sur le sol quand ce n'est pas chez moi. Épuisée, je prends ma brosse à dents et me mets à fouiller nerveusement ma trousse de toilette avant de me rendre à l'évidence : j'ai oublié mon dentifrice ! Bon sang ! Comment ai-je pu oublier ? Comment faire maintenant ? Me coucher sans me brosser les dents est inenvisageable. J'enfile mon gilet et je sors dans le couloir. Il est désert et silencieux. Se pourrait-il que tout le monde soit déjà couché ? Non, c'est impossible. Chacun est seul dans une chambre sans télévision, voilà l'explication. J'avance à pas feutrés. À quelle porte frapper ? Au hasard, je m'immobilise devant la numéro 12, mais je me ravise, indécise. Tomber sur Cyril serait une catastrophe. Soudain, j'entends un gloussement étouffé. Valéria, sans nul doute. Décidément, sans le savoir, elle m'aura plusieurs fois sauvé la mise aujourd'hui. Je me précipite, guidée par le son. Je toque. À l'intérieur, des chuchotements en même temps que des bruits de pas précipités. Mon cœur manque un battement. Valéria n'est pas seule ! Elle entrebâille la porte, seulement vêtue d'un long tee-shirt enfilé de travers.

— Oui ?

— Je suis désolée de te déranger, est-ce que tu peux me dépanner ? J'ai oublié mon dentifrice, je demande timidement en montrant ma brosse à dents.

Valéria explose de rire.

— Mais qu'est-ce que tu veux que je fasse avec du dentifrice ?

Et d'un coup de mâchoire inférieure elle éjecte son appareil dentaire, avant de le remettre aussitôt à sa place d'un coup de menton. Tout en continuant à rigoler, elle me suggère de m'adresser à Ahmed, avant de refermer prestement la porte. Je frappe à côté et réitère ma demande. Gentiment, Ahmed me donne un tube de dentifrice miniature.

— Garde-le, tu en auras besoin pour demain matin.

— Merci, Ahmed, et toi ?

— Oh, j'en ai plein… Kadisha est femme de ménage dans un hôtel.

— Ah, oui, c'est vrai. C'est pratique !

Je le remercie encore et regagne rapidement ma chambre, pressée de me mettre à l'abri. De quoi ? Je ne saurais le dire, mais la répugnante gymnastique maxillaire de Valéria m'a dégoûtée. Donc, c'est bien vrai, Valéria n'a plus ses dents… Quelle importance ? Aucune, si ce n'est qu'on pourrait considérer que le reste de l'histoire de Cyril est vrai. Valéria ferait régulièrement des « gâteries » à notre patron… Bon, après tout, ce ne sont pas mes oignons.

Tout en me brossant les dents, je les observe dans le miroir. Elles sont blanches, bien plantées et donnent l'impression d'être saines. Je me couche avec cette sensation satisfaisante d'avoir au moins quelque chose de mieux que cette fille. La literie est beaucoup plus confortable qu'on pourrait le penser au vu de la médiocrité de la chambre. La couette est moelleuse, ni trop légère ni trop étouffante, et le sommeil me saisit en quelques minutes.

Je suis réveillée au milieu de la nuit par des cris. Je crois d'abord que Xavier est en train de faire un cauchemar, avant de réaliser où je suis. Quelqu'un se fait-il agresser ? Glacée, je prête l'oreille. Non. Ce sont les râles de plaisir d'une femme qui jouit. Les gémissements plaintifs sont entrecoupés d'injonctions fiévreuses : « Vas-y, plus fort ! », « Oh, oui, comme ça ! », « Par-derrière, vas-y ! ». Aucun doute n'est permis sur l'identité de la personne qui s'époumone. Bizarrement, ma première pensée est pour Ahmed qui se trouve dans la chambre contiguë. Le pauvre a forcément été réveillé lui aussi, et le bruit doit être infernal. Ma deuxième pensée est pour le partenaire de Valéria. Qui cela peut-il être ? De lui, on ne perçoit que des grognements porcins.

Bien au chaud entre les draps, je m'amuse à résoudre l'énigme en procédant par élimination. Stefano ? Impossible. Valéria n'est pas son genre de femme, il a beaucoup trop de classe. Benoît ? J'ai déjà entendu Valéria dire qu'elle le trouvait moche comme un pou. Mehdi ? Tout aussi impossible que Stefano. Il ne s'intéresserait pas à une femme comme Valéria. Elle est trop vulgaire et négligée, alors que lui est végétarien et adepte de sport. Ahmed est marié, fidèle, musulman pratiquant et père de quatre enfants. Il ne reste que Cyril. C'est de loin le cas le plus probable. L'alcool n'aurait donc pas diminué ses moyens ?

C'est étonnant. À moins qu'il ne s'agisse de l'animateur, l'assistant de Caroline… Comment s'appelle-t-il déjà ? Gaëtan. Cela paraît très hypothétique. Et si c'était une femme ? Soraya ? Non, les femmes sont plus discrètes. Enfin, je crois, mais c'est peut-être une idée reçue qui me vient d'on ne sait où. Quoi qu'il en soit, c'est un total manque de respect ! Valéria a sûrement tiré tout le monde du sommeil. Et comme à chaque fois que je me réveille en pleine nuit, je vais sans doute avoir un mal fou à me rendormir.

Les cris se transforment en une toccata lascive. Son plaisir est-il réel ou feint ? Si c'est feint, Valéria est une bonne actrice… Xavier ne m'a jamais fait crier comme ça. Cela donne à réfléchir. D'ailleurs, cela fait combien de temps que nous n'avons pas fait l'amour ? Je suis incapable de le dire. Je ne me rappelle même pas comment c'était. Quant à la question du lieu, elle ne se pose même pas. À part les quelques lits de passage lors de nos vacances, nous n'avons plus fait l'amour ailleurs que dans le lit conjugal depuis au moins une décennie. Xavier dort avec des vieux caleçons limés et des tee-shirts trop grands, aux couleurs fanées et incertaines. Ça ne me donne pas envie. Il faut dire que mes chemises de nuit ne sont pas plus alléchantes. Les motifs de lutins ou de cupcakes, ça ne fait pas très femme fatale. Je crois que ça m'est égal. Le soir, je n'ai qu'une idée en tête : dormir le plus rapidement possible. C'est la course aux heures de sommeil. Je sais qu'il me faut un minimum de six heures trente pour pouvoir tenir le lendemain. Et encore, je suis fatiguée en permanence…

Tiens, Valéria hurle une longue série de « oui ». Nous voilà à l'apogée de leur copulation. Pauvre Ahmed ! Enfin, c'est fini. Il règne maintenant un silence ténu. À croire que Valéria et Cyril ont tous les deux succombé à une crise cardiaque. J'ai envie de regarder l'heure sur mon téléphone, mais il faut que je me retienne. Je risque de stresser si je compte les heures de sommeil restantes, et ça ne va pas m'aider à me rendormir plus vite. Dans le couloir, une porte grince. Eh bien, monsieur ne s'est pas éternisé. Les confidences postcoït, très peu pour lui. Une clé qui tourne dans une serrure. Il a regagné ses pénates. La femme de Cyril doit avoir les oreilles qui sifflent, s'il s'agit bien de lui, évidemment. À mon avis, il ne sera pas difficile de deviner demain qui est le mystérieux amant. Les visages vont parler.

9

Il est à peine 8 h 30 lorsque je me dirige vers la salle du séminaire. Tous les autres sont encore en train de boire leur café. Cette fois, je ne veux pas être la dernière. Comme je m'y attendais, je suis complètement crevée. Je n'ai pas pu me rendormir après l'odyssée de Valéria. C'est toujours la nuit que viennent les pensées les plus sombres et le désenchantement. J'en ai marre de ma vie (ça, je peux aussi l'affirmer en plein jour), mais comment faire pour en changer ? À la télévision, on voit de plus en plus de reportages montrant Un tel qui a réalisé son rêve, est parti vivre sur une île aux eaux turquoise, ou Une telle qui a décidé de monter son entreprise, *et cetera, et cetera*... Cela paraît facile, à la portée de tout le monde. En réalité, c'est bien plus compliqué qu'on veut nous le faire croire. Outre le courage de changer de vie (ça encore, je pourrais peut-être le puiser au fond de moi), il faut aussi de l'argent. Mais je ne vois pas où je pourrais le trouver... Je dois me ressaisir.

Ma vie n'est pas si merdique. Il faut que je m'efforce d'oublier le mari démissionnaire, les heures de transports en commun, le job inconsistant pour lequel je ne suis pas reconnue, ma banlieue pourrie et grise, où le taux de criminalité augmente de jour en jour et où je ne suis même pas en mesure d'être propriétaire. Cela dit, l'immeuble est de plus en plus décrépit. Il n'y a aucun intérêt à acheter là. Oui, je dois voir les points positifs. D'abord, même si on ne peut pas se permettre de folies, on ne va pas au supermarché avec une calculatrice en main. Alban, Xavier et moi sommes en bonne santé. C'est déjà énorme. Il n'y a pas de raison d'être aussi pessimiste. Non, la cause de cette morosité est le fait de ma présence ici, dans cet endroit sinistre, avec des gens qui m'horripilent. Demain, ça ira mieux.

Lorsque je pénètre dans la salle, la surprise me fige net. Je ne comprends pas tout de suite ce que j'ai sous les yeux. D'abord, je crois voir mes collègues déjà tous assis aux places qu'ils occupaient la veille. Je sais que c'est impossible, ils sont encore près du buffet. Je m'approche. Ce sont bien leurs têtes, leurs silhouettes, mais leurs proportions sont étranges, difformes. Le jus de chaussette servi en guise de café contiendrait-il une drogue quelconque ?

— Alors, Claire, vous avez fait connaissance avec votre avatar ?

Je sursaute. Caroline est entrée à son tour dans la salle. Elle me salue, me demande si j'ai bien dormi. Je réponds par l'affirmative. Je n'ai aucune envie de m'étendre sur mes insomnies.

— Comment vous les trouvez ? me demande-t-elle en désignant du menton mes faux collègues.

— Euh... bien. Mais je ne comprends pas, à quoi ça sert ?

— Vous vous rappelez ? Il y a de cela plusieurs mois, je vous avais envoyé un e-mail pour me présenter et j'ai demandé à chacun d'entre vous de me dire ce qu'il pensait de ses collègues...

Je hoche la tête. Oui, je me souviens. Il fallait donner trois adjectifs concernant chacun des collaborateurs. L'e-mail promettait une entière discrétion, personne ne serait informé du « qui a dit quoi ». La réussite du séminaire dépendait de notre sincérité.

— Eh bien, voilà, c'était pour faire ça, sourit Caroline fièrement.

Je m'approche de l'avatar le plus proche. C'est celui de Stefano. Sa tête est faite d'une boule de papier mâché modelée. Une perruque poivre et sel habille le crâne tandis qu'une photo couleur de son visage épouse parfaitement les formes du nez et de la bouche. C'est la photo du dépliant qui présente l'entreprise et qui est parfois fournie aux clients. On est tous dessus. L'avatar porte un costume assez chic. J'appuie sur le corps. C'est vraiment très bizarre, la résistance est la même que pour un corps humain. Caroline poursuit :

— Le buste et les membres sont faits de poches de coton remplies de rebuts de laine. Les mains, ce sont des gants de caoutchouc remplis selon le même principe, et pour que tout cela se tienne un peu, on a mis du béton dans les chaussures.

Je me penche. Stefano, enfin, son double, porte des jolis mocassins en cuir qui ne laissent pas voir le béton. Je suis très dubitative. Je jette un coup d'œil aux autres avatars. Ils sont tous faits selon le même principe. Seul Ahmed, qui est chauve, n'a pas de perruque. Son crâne a été peint. Tous ces épouvantails sont effrayants mais je dois reconnaître qu'ils sont bien faits.

— Cela a dû prendre des heures pour réaliser tout ça !

— Des semaines, vous voulez dire. C'est Jennifer qui s'y est collée.

— Mais... quelle utilité ?

— Nous y voilà ! C'est l'objectif de notre travail d'aujourd'hui. Je vous en parlerai quand les autres seront là. D'ailleurs, qu'est-ce qu'ils font ? Je vais les chercher.

Tandis qu'elle sort de la salle, je me dirige vers mon avatar à pas mesurés. Pour un peu, je me croirais dans un film d'horreur. Espérons que tous ces croque-mitaines ne vont pas se jeter sur moi en hurlant. Ma perruque est plus belle que mes propres cheveux. Mon visage est neutre. Ni vraiment souriant ni vraiment triste. Je me souviens exactement du jour où le patron nous a tous fait poser pour le trombinoscope. C'était il y a quatre ans. Juste avant, il venait de m'engueuler parce qu'un dossier qu'il m'avait demandé à peine un quart d'heure plus tôt n'était pas prêt. Voilà pourquoi j'avais eu du mal à sourire au moment où le photographe avait lancé : « Allez, *cheese* ! » Mon avatar est habillé sobrement. Un chemisier gris terne, un collier de fausses perles de culture, un pantalon bleu marine, et, aux pieds, des bottines un peu élimées. Exactement comme les miennes. Cet avatar me ressemble. Cela ne fait aucun doute. J'ai un collier identique, que je porte assez souvent, d'ailleurs. Et j'ai aussi un chemisier presque similaire, d'un gris plus clair. C'est moche comme tenue. Est-ce que c'est aussi laid quand c'est moi qui la porte ? Sur la poitrine, un Post-it a été attaché avec une épingle à nourrice. Trois mots sont écrits dessus. Je fouille dans mon sac pour trouver mes lunettes. Au moment où je m'apprête à les chausser, mes collègues pénètrent dans la pièce en poussant des cris d'orfraie. Caroline les laisse s'exprimer quelques minutes avant de nous demander de nous asseoir sur les chaises qui sont placées légèrement en retrait de nos avatars. Le rire de Valéria est si aigu qu'il pourrait sans doute briser un verre.

— Oh, Valéria, tu te la fermes ! s'exclame Cyril en massant ses tempes visiblement douloureuses. Tu me casses les couilles !

— Faudrait déjà que t'en aies, rétorque-t-elle du tac au tac.

— Ça vole haut, dit Stefano en soupirant.

— Ouais, ben je sais ce qu'il a, ironise Valéria, il est jaloux ! Hein, Cyril, t'es jaloux ?

— Peuh... Jaloux de quoi ?

— Tu sais très bien de quoi je parle...

— Nan. Je vois pas, désolé.

Tiens, donc ! L'amant de Valéria ne serait pas Cyril ? Je parcours rapidement l'assistance des yeux et je repère tout de suite Benoît qui tente désespérément de disparaître derrière son avatar. Le pauvre a l'air très mal à l'aise. Ça alors, c'était lui ! Je ne l'aurais pas cru. Caroline demande le calme tandis qu'elle reprend la même place que la veille, en bout de table, flanquée de Jennifer et Gaëtan. Elle se racle la gorge.

— Il y a un certain temps, je vous ai demandé de me donner trois adjectifs à propos de chacun de vos collègues, des adjectifs uniquement liés au caractère et non au physique, cela va sans dire. Vous vous êtes pliés au jeu avec sincérité. Nous avons donc extrait pour chacun d'entre vous les adjectifs qui revenaient le plus souvent. Ce matin, nous allons travailler sur la façon d'améliorer votre rapport aux autres. Pour commencer, je vais vous demander de bien vouloir lire vos trois adjectifs. Ils sont épinglés sur les poitrines de vos avatars.

Les pieds des chaises raclent le sol. Chacun se penche sur son double. Cyril s'écrie :

— Putain ! « Tire-au-flanc » ? Qui est le connard qui a dit ça ?

— Calmez-vous, répond Caroline d'un ton ferme, le but n'est pas de pointer quiconque du doigt. Vous êtes dix, et ce mot « tire-au-flanc » est revenu quatre fois, donc il y a matière à se poser des questions. Pourquoi les autres pensent-ils cela de vous à votre avis ? Entendons-nous bien, cela ne veut pas dire que vous êtes un tire-au-flanc mais qu'il y a là une action à mener : changer le regard de vos collègues sur votre travail.

Je ne fais pas partie des gens qui ont qualifié Cyril de la sorte. Je me souviens d'avoir mis « fainéant ». Ce qui revient au même. Je mets mes lunettes pour déchiffrer mon Post-it. Et je lis :

invisible
triste
solitaire

Ainsi, c'est comme ça que les autres me voient ? Enfin, ne me voient pas, plutôt. C'est horrible ! Les larmes me montent aux yeux. Cela veut dire que je suis transparente, que je ne sers à rien. Pire, que je n'existe pas. Trois adjectifs et pas une seule qualité. Il n'y a donc rien à sauver chez moi ? Je tente de me contenir et de ravaler mes sanglots. J'ai la gorge nouée. Il ne faut absolument pas que je pleure, pas devant tous ces cons. Je dois chercher le positif dans tout ça... Prenons « solitaire », on ne peut pas leur reprocher d'avoir choisi ce qualificatif. Je ne déjeune jamais avec eux, je ne les accompagne jamais pour prendre un verre après le boulot. Quand un pot est organisé, j'y reste cinq minutes, et encore, si je fais acte de présence. Il est donc normal qu'on dise de moi que je suis solitaire. Et puis est-ce un défaut finalement ? Non, cela ne fait pas forcément de moi une mauvaise personne. Triste ? Je n'ai pas l'impression de l'être... Quoique... Il est vrai que je ne rigole pas souvent. Voire jamais. Mais est-ce de ma faute si je ne les trouve pas drôles ? Je ne comprends pas ce qui les fait rire, leur humour est si lourd. Alors oui, peut-être que je peux sembler maussade. Quant à être invisible... Je fais tout pour ne pas me faire remarquer, je rase les murs, je n'ouvre la bouche qu'en cas d'obligation. Je veux juste être discrète, et il semble que je dois l'être un peu trop. En fin de compte, c'est affreux de l'admettre, ils ont raison !

10

Il est 17 heures. Encore une heure à tout casser, et nous pourrons quitter cette salle pour rejoindre le bus. J'ai hâte d'être chez moi. Contre toute attente, la journée est passée assez vite, mais depuis une heure je ne parviens plus à retenir mes bâillements. Je suis épuisée. J'ai dû m'exprimer devant tout le monde et ça m'a complètement vidée. À la demande de Caroline, chacun devait à tour de rôle lire ses adjectifs à voix haute, dire pourquoi, à son avis, les autres le percevaient de cette façon, et enfin donner trois adjectifs qu'il aurait aimé lire sur la poitrine de son avatar. Il a été très difficile pour moi d'expliquer pourquoi on me trouvait invisible et triste. J'ai juste dit que je paraissais peut-être morose, mais que je ne l'étais pas au fond de moi. Je n'allais tout de même pas reconnaître que la banalité de ma vie m'ennuyait à mourir. Quant au fait que mes collègues me perçoivent comme quelqu'un de solitaire, j'ai admis qu'ils avaient raison, que je me joignais rarement à eux lorsqu'il s'agissait de passer un moment ensemble.

Heureusement, je ne suis pas passée la première. J'ai donc eu le temps de réfléchir aux trois adjectifs que j'aurais aimé qu'on me donne. Deux d'entre eux se trouvaient sur le Post-it de l'avatar de Valéria : « dynamique » et « joyeuse ». Et le troisième sur celui de Stefano : « efficace ». Je ne me suis pas étendue sur la raison pour laquelle j'aurais souhaité qu'on m'attribue ces adjectifs. J'ai bredouillé des banalités, mais au fond de moi, je savais très bien pourquoi. Être dynamique, cela veut dire ne plus être fatiguée, ne plus avoir cette sensation que mon corps pèse une tonne (alors que mon IMC est normal), ni que chaque chose à faire va me coûter un effort monumental. Joyeuse, parce que je donnerais cher pour m'éclater un peu, trouver l'ambiance moins pesante au boulot, que les rayons du soleil réchauffent un peu mes jours. Quant à efficace, cela a aussi à voir avec la fatigue. Si j'étais moins crevée, je n'aurais pas besoin de vérifier dix fois mes e-mails avant de les envoyer, ni de m'assurer d'avoir mis la bonne adresse sur l'enveloppe ou d'avoir bien transmis tel ou tel message. Bref, je serais plus compétente, je perdrais moins de temps.

En début d'après-midi, un gros clash a éclaté entre Cyril et Mehdi à cause de leurs zones de prospections. Benoît, Caroline, et bien entendu Valéria, s'en sont mêlés. Stefano était absent. Comme prévu, il était parti à l'heure du déjeuner. C'est dommage, je pense qu'il aurait rapidement réglé la situation et nous aurait évité les prolongations. Enfin, l'abcès a été crevé. Cela devrait contribuer dans les semaines qui viennent à réduire les tensions entre ces deux-là. Delamare sera content car cela perdurait depuis des mois.

Ça y est, c'est l'heure ! Le séminaire est terminé. Caroline nous remercie et nous souhaite une bonne continuation.

— Je suis persuadée qu'avec le travail effectué ensemble, tout va aller désormais pour le mieux au sein de votre entreprise. Ah, j'oubliais ! lance-t-elle alors que Benoît a déjà ouvert la porte de la salle. Les avatars sont à vous. Vous pouvez les emporter.

Cyril éclate de rire.

— Qu'est-ce que vous voulez qu'on en fasse ?

— Euh, c'est hyperencombrant, renchérit Valéria. Vous imaginez avoir ça chez nous ? Je vois d'ici la tête de mes potes… Les gars, j'vous présente Valéria *bis*…

— Comme objet de décoration, y a mieux, quand même, bredouille Pascale.

— Moi, je ne peux pas le ramener, murmure Prune.

Personne ne fait attention à Jennifer qui est écarlate. On dirait qu'elle va avoir un malaise. Caroline ne se laisse pas déstabiliser.

— Vous avez tort. Avoir votre avatar chez vous pendant quelque temps vous rappellerait chaque jour ce que vous devez modifier pour améliorer vos conditions de travail et celles des autres. Sans cela, vous allez vite oublier tout ce que nous nous sommes dit pendant ces deux jours…

— Aucune chance que je ramène ça chez moi, dit Benoît en franchissant la porte.

— Moi non plus, affirme Valéria en lui emboîtant le pas.

Ils sont aussitôt suivis par Mehdi, Cyril et les filles de la comptabilité.

— Jennifer a passé beaucoup de temps à les faire, renchérit Caroline alors qu'il ne reste plus qu'Ahmed et moi dans la pièce.

Je sens que ça va me tomber dessus. Il est hors de question que je me laisse faire, même si la mine chagrinée de Jennifer me fait de la peine. Je ne peux pas ramener mon avatar à la maison. Je tente :

— Vous n'auriez pas plutôt intérêt à les garder ? En changeant juste les photos des visages, cela vous éviterait de passer tout ce temps à en fabriquer d'autres et ça vous permettrait de faire des économies. Cela ne doit pas être donné. Tous les habits, les perruques, les chaussures…

— Pour tout vous dire, c'est la première fois que nous utilisons des avatars, mais c'est aussi la dernière.

— Ah bon ? Pourquoi ?

— Au départ, c'était une idée de votre patron. Apparemment, il a vécu une expérience similaire dans sa jeunesse, qui a bouleversé sa façon de voir les choses. Il voulait absolument la reproduire avec ses employés. Alors, même si je dois admettre que l'idée n'est pas mauvaise et qu'elle peut sans conteste porter ses fruits, ce ne sont pas nos méthodes de travail habituelles. Et puis faire des avatars à chaque séminaire est tout bonnement impossible. Cela ne serait pas rentable. Ça prend trop de temps. Heureusement que nous avons notre nouvelle petite stagiaire. Elle a mis beaucoup de cœur à l'ouvrage. N'est-ce pas, Jennifer ?

— Oui, parvient-elle à articuler.

Elle est au bord des larmes, et des plaques rouges se sont formées sur son cou.

— Ne t'inquiète pas, ma fille, dit Caroline en lui frottant le dos du plat de la main, ce n'est pas parce que personne ne veut les emporter que tu n'as pas fait du bon travail…

Exactement ce qu'il ne faut pas dire. Quand une personne se retient de pleurer, tenter de la consoler est le meilleur moyen de la faire éclater en sanglots. Et voilà : une larme roule sur la joue de Jennifer. Elle l'essuie d'un geste rapide. La pauvre. C'est plus que je ne peux en supporter.

— Si les autres ne veulent pas de leur avatar, moi, j'avais l'intention de l'emporter, dis-je gaiement en soulevant le mien par les aisselles.

Mais qu'est-ce qui me prend ?

Bon sang, que c'est lourd ! Je pousse un cri de joueuse de tennis en plein match. Ahmed se précipite :

— Attends, je vais t'aider ! s'exclame-t-il, trop content de saisir l'opportunité qui va lui permettre de laisser son avatar. Tu le prends par les bras et moi par les jambes !

— Formidable, Claire ! dit Caroline, enchantée. Et vous allez voir, votre avatar va se révéler plus utile que vous ne le pensez !

— Je n'en doute pas.

Je me mets dans une belle merde, oui !

Le visage de Jennifer s'est illuminé d'un sourire, et elle semble moins contrariée. Mon objectif est atteint. Quant à l'épouvantail, je le balancerai dans la première poubelle venue. Comme quoi, c'est pas si difficile de faire plaisir aux gens.

Alors qu'on s'apprête, Ahmed et moi, à sortir de la salle, Caroline nous rattrape.

— Claire, je vous laisse mes coordonnées.

J'ai les deux mains prises, alors elle glisse sa carte de visite dans la poche de mon manteau, tout en me soufflant à l'oreille :

— N'oubliez pas, votre place au sein de l'entreprise est centrale. Vous devez faire en sorte de vous affirmer et de vous faire respecter. Sans vous, la boîte ne tournerait plus. Et, pour le reste, n'hésitez pas à me joindre en cas de besoin. Vous pouvez m'appeler jour et nuit, OK ? Vous n'êtes plus seule, Claire...

La solidarité entre femmes battues, maintenant !

Je hoche la tête avec un sourire gêné. Ahmed m'aide à installer mon avatar sur un siège dans le fond du bus. Je m'assieds à côté en soupirant. Qu'est-ce que je suis allée m'emmerder avec ça ? Les autres ont bien raison de se foutre de moi. Le bus s'ébranle. Le chauffage tourne à fond, et il ne me faut pas dix minutes pour m'endormir. Je n'ai même pas sorti mon étole.

11

Je suis réveillée par une poigne de fer qui me secoue l'épaule. J'ouvre un œil. Le chauffeur de bus est penché au-dessus de moi. Il a un triple menton et les joues qui s'affaissent.

— Hé, j'ai pas que ça à faire, moi !

Je jette un œil par la fenêtre. Il fait nuit mais je reconnais la gare d'où nous sommes partis... La veille, seulement, pourtant j'ai l'impression que ça fait une éternité. Je me lève à la hâte. Le bus est vide. Personne ne m'a attendue. Ce n'est pas une surprise, mais de la part d'Ahmed, c'est tout de même un peu décevant. Je me rends compte que je transpire. Mon front et ma nuque sont moites. Il doit faire au moins trente-cinq degrés dans ce véhicule. J'aurais dû retirer mon manteau. Mon avatar n'a pas bougé d'un millimètre. On dirait même qu'il me regarde, enfin, qu'*elle* me regarde.

— Dépêchez-vous, me crie le chauffeur en s'installant derrière le volant, tous les sacs ont été déposés sur le trottoir, il ne reste que le vôtre et il ne s'agirait pas de vous le faire piquer !

Je prends mon avatar sous les aisselles. Que c'est lourd et encombrant ! La tête écrasée sur sa poitrine, j'avance à pas chassés jusqu'à l'avant du bus.

— Au revoir, et merci, dis-je en descendant.

Le chauffeur ne répond pas et ferme la porte derrière moi à peine ai-je mis le pied sur le trottoir. Il bruine. Mon sac de sport est à même l'asphalte poisseux. Merde ! J'espère au moins qu'il a fait attention à ne pas le poser sur une crotte de chien ! C'est là que je me demande comment je vais faire. Je n'ai que deux bras et j'ai deux sacs, plus mon avatar. Quelle galère ! Il me faut vite trouver une poubelle. Je soulève mon sac, glisse l'anse du même côté que mon sac à main sur mon épaule gauche et charge l'épouvantail sous mon bras droit. J'ai l'impression d'être une mule marocaine, les flancs chargés à bloc. Je chemine péniblement jusqu'à l'intérieur de la station.

Alors... une poubelle. Je tourne la tête de tous les côtés mais n'en vois pas à part une corbeille plate vissée dans le mur servant de réceptacle aux tickets et aux petits papiers. Bon sang, c'est pas vrai ! Il va falloir que j'aille avec mon avatar sur le quai. À moins que je ne le laisse quelque part, comme ça, ni vu ni connu. J'hésite. Non, c'est impossible. Il est un peu moins de 22 heures et il y a du monde partout. Je sors mon pass Navigo, franchis le tourniquet avec grande difficulté. De nombreux regards se posent sur mon encombrante compagne. J'imagine bien ce qu'ils se disent : « Qu'est-ce qu'elle fout, celle-là, avec une marionnette d'elle-même grandeur nature ? » En fait, mon avatar est même un peu plus grand que moi. En tout cas, il est plus lourd. Ce n'est pas possible que je pèse un poids pareil !

Lorsque je parviens en haut de la volée de marches, je suis éreintée et complètement en sueur. J'aperçois Cyril sur le quai en face. Il me voit lui aussi et glousse comme un abruti. Je hausse les épaules. Il commence à me fatiguer, celui-là ! Le train arrive. Il est bondé. Je m'approche de la rame et appuie sur le bouton d'ouverture des portes. Les gens sont debout, serrés les uns contre les autres, et personne ne descend. En revanche, il y a au moins vingt paires d'yeux hargneux braquées sur moi. Toutes semblent dire la même chose : « Tu vois bien qu'il n'y a pas de place. Si tu oses monter avec ton gros sac et ton épouvantail, on te tue ! » Je bredouille :

— Bon, ben… j'vais prendre le prochain…

Je recule légèrement. Pas un remerciement ni un sourire. Tout le monde me regarde de travers comme si je m'étais entêtée à faire une chose somme toute assez commune : monter dans le wagon. Dans l'autre sens, le train emporte également son lot de voyageurs, dont Cyril. Ouf ! Je ne vais plus subir son regard moqueur, c'est déjà ça. J'attends. C'est long, et il fait un froid de gueux. Mon avatar ne tient pas debout tout seul, et les places assises sont occupées. Pour le maintenir à peu près correctement, je dois faire des efforts musculaires intenses. C'est l'enfer. Lorsque le train suivant entre en gare et que je m'approche à nouveau des portières, j'ai droit aux mêmes regards agressifs. Pire encore. « Si tu montes, on t'écharpe, on te lapide, on t'étripe jusqu'à ce que tu sois aussi raide que ta marionnette ! » Je ne dis rien. Je fais juste un petit signe ridicule de la main signifiant que je laisse tomber. En reculant sur le quai, je m'aperçois qu'un siège s'est libéré. Je m'y précipite. Assise avec mon avatar sur les genoux, j'attends le train suivant, bien déterminée cette fois à monter dedans. Mes doigts, rougis par le froid, sont douloureux. Je souffle dedans pour les réchauffer. J'aurais dû penser à prendre des gants. Au bout de vingt minutes d'attente, le train s'annonce. Cette fois, je ne me laisserai pas impressionner. Je dois rentrer chez moi coûte que coûte.

Je me lève et pose mon avatar sur le siège le temps de porter mon sac. Le train est encore noir de monde. Mais à partir de quelle heure ça va se calmer ? Ça commence à être énervant. Et si je laissais mon avatar là, assis sur le quai, attendant son train tranquillement comme un usager lambda ? Si quelqu'un venait me reprocher quelque chose, je pourrais toujours dire que c'est normal, que c'est la mise en place d'un concept artistique en accord avec la RATP. Ouais, exactement, voilà une bonne idée ! J'avance vers le bord du quai en affichant un air le plus naturel possible. Autrement dit, je souris niaisement.

— Madame ?

Une voix d'homme. Je fais mine de ne pas entendre.

— Madame ???

Je me retourne. Cinq contrôleurs me dévisagent. Merde ! D'où sortent-ils, ceux-là ? J'ai pourtant regardé partout avant de me lever.

— C'est à vous ? demande le plus grand d'entre eux en désignant l'épouvantail.

— Euh… oui…

— Et vous laissez ça là ?

— Non. Non, pas du tout.

Je reviens sur mes pas sous leurs regards suspicieux. Ils semblent persuadés que je voulais délibérément abandonner mon avatar, ce qui est le cas.

— Vous savez que ce n'est pas une déchetterie, ici ?

J'essaye d'avoir l'air offusqué.

— Pourquoi me dites-vous cela ?

— Ouais, c'est ça, me répond l'échalas.

Le signal de fermeture des portes du train retentit. Merde ! C'est pas vrai !

— Oh, trop tard, je l'ai loupé, dis-je d'un ton léger en regardant défiler les wagons.

— Il vous ressemble, hein ? me balance un autre contrôleur en montrant l'avatar du doigt.

Je n'ai même pas la force de rétorquer quoi que ce soit. Dépitée, je me laisse tomber sur le siège à côté de mon double en carton-pâte. J'ai l'impression que je n'arriverai jamais à rentrer chez moi. Je suis une dinde stupide. Personne d'autre que moi n'a embarqué son avatar, personne ne s'est mis dans une telle mouise. J'ai envie de pleurer mais je vais me retenir. Il y a des choses bien plus graves dans la vie que de ne pas arriver à monter dans un train, d'être coincée sur un quai glacial avec un double de soi pendu sous le bras. Le vent fait voler des papiers gras. Je suis gelée mais c'est bien fait pour moi. À l'heure qu'il est, je devrais tranquillement être à table avec mon mari et mon fils. Si au moins j'arrivais de temps en temps à m'imposer !

Cette fois, j'attends dix minutes le train suivant. Il est moins bondé. Les contrôleurs montent à bord, et je profite de la percée qu'ils exercent dans la foule pour m'incruster avec mon gros sac et mon avatar. Je sens de nouveau tous les regards converger vers moi. Je baisse la tête. Enfin, je suis dans le train ! Onze arrêts avant de retrouver ma voiture, puis douze minutes de route avant d'être chez moi. J'ai mal partout. Après un trajet qui me semble interminable, enfin, je parviens à Theuville-sur-Glaise. Tant bien que mal, je regagne mon véhicule. Il y a encore trop de monde pour que je puisse abandonner cet épouvantail de malheur quelque part, et puis j'ai perdu assez de temps comme ça.

Lorsque j'arrive devant ma voiture, l'évidence me saute aux yeux. L'avatar ne rentrera pas dans le coffre. Si un jour je dois transporter un cadavre, il faudra que je me souvienne que mon coffre est trop étroit. J'installe mon avatar sur le siège passager. La manœuvre est compliquée. Ses pieds en béton pèsent autant que deux enclumes. Heureusement que personne ne me voit ! Je suis ridicule avec mes fesses tendues vers la lune. Je m'assieds à mon tour et mets le contact. Aussitôt, une alarme retentit en même temps que le témoin lumineux de la ceinture de sécurité clignote. Zut ! J'ai bien mis la mienne, mais pas celle de l'avatar ! Je l'attache en maugréant. C'est là que je m'aperçois que le voyant de la jauge d'essence clignote également. Oh, c'est pas vrai ! J'avais oublié que mon réservoir était presque vide ! Il va falloir que je fasse un détour par la station-service avant de rentrer.

J'en ai marre...

12

L'immeuble dans lequel j'habite est un rectangle de cent mètres de long sur onze étages de haut. À chaque appartement est rattachée une place de parking tracée en épi à la peinture blanche sur le bitume. La nôtre, c'est la 73, et l'avantage de ce numéro est qu'il ne jouxte pas l'entrée de l'immeuble. Il est donc très rare qu'un véhicule s'y gare alors qu'il n'y est pas invité (contrairement aux numéros allant jusqu'à 20 qui sont souvent squattés).

Enfin, j'arrive dans mon quartier. Ce que j'aime en hiver, c'est qu'il fait nuit tôt et que l'obscurité masque tout ce qui est moche. Et il y a de quoi faire. Les poubelles qui débordent, les papiers, canettes et autres mégots de cigarettes qui traînent partout, les murs décrépis, les tags qui n'ont rien d'artistique... Même les arbres ont l'air de se porter moins bien ici qu'ailleurs. Ils sont chétifs et déplumés. Avec un peu d'imagination, en voyant toutes les fenêtres, tous ces rectangles de lumières allant du jaune pâle à l'orange, parfois bleu écran, on pourrait se croire à New York (je n'y suis jamais allée mais j'ai vu de nombreux films). Lorsque je me gare enfin, je décide de laisser mon avatar dans la voiture. Ça serait stupide de m'embêter à le monter pour le redescendre plus tard, d'autant plus que je ne vois pas où je pourrais le mettre ; il n'y a pas assez de place chez moi. Pourvu que l'ascenseur ne soit pas en panne, car je n'ai pas du tout envie de me taper les escaliers, même pour deux étages. Plus qu'une minute, et je suis chez moi ! Je pénètre dans la cabine et attends patiemment qu'elle gravisse les étages. Il y a deux appartements par palier. Mme Brunovitch est ma voisine la plus proche. J'entends ses canaris. Tiens, j'y songe, elle ne m'a pas rappelée. Cela ne lui ressemble pas.

Enfin, je suis chez moi ! J'ai cru que ce moment n'allait jamais arriver. J'ôte mon manteau et mes chaussures et les range dans le placard de l'entrée avec mon sac à main. Xavier et Alban sont dans le salon en train de jouer à la console. Il est minuit passé. Des canettes de soda traînent un peu partout, et une odeur écœurante de bière et de tabac froid imprègne l'espace. Je n'avais pas espéré rentrer et trouver le repas prêt sur la table mais comme une idiote, j'avais imaginé qu'au moins l'un des deux m'attendrait et serait prêt à m'aider.

— C'est moi !

— Salut, m'man ! répond Alban en me jetant un rapide coup d'œil.

Xavier s'active sur la manette. Trop concentré pour me dire quoi que ce soit, il tente d'échapper à un monstre immonde qui, visiblement, essaye de le bouffer. Je crois qu'il ne s'est même pas rendu compte de ma présence. Je me dirige vers notre chambre. Le lit n'est pas fait, et des habits, que je suppose sales, sont éparpillés sur le sol. Je soupire. Merde, il aurait quand même pu ranger ! Bon, je m'occuperai de ça plus tard. Je laisse mon sac de sport à côté du lit et je retourne au salon. Les garçons sont toujours devant l'écran. Alban hurle :

— Mais non ! Va à droite, bordel ! À droite ! Putaiiiin ! Tu vas te faire ken !

Dans la cuisine, c'est le choc ! L'évier regorge d'assiettes sales, la vaisselle d'au moins trois repas se trouve encore sur la table. De la sauce tomate macule le carrelage et une partie du plan de travail. Une casserole emplie de cette même sauce se trouve sur les plaques de cuisson ainsi qu'une poêle dont le contenu a dû carboniser. Le sac-poubelle est plein à craquer, plusieurs trous se sont formés dans le plastique, laissant passer des petits pois et des capsules de bouteilles de bière qui gisent sur le sol. J'en reste bouche bée. C'est plus que je ne peux en supporter. Il faut que je parte d'ici tout de suite ou je vais devenir folle. Je me précipite dans l'entrée, j'enfile mon manteau et mes chaussures à la va-vite. Sur le palier, je me rends compte que l'ascenseur n'est pas disponible. Je dévale les deux étages en courant. Les clés de ma voiture sont dans ma poche. Il faut que je m'en aille. Je ne sais pas où aller, mais je veux quitter cet endroit et ne plus jamais y revenir.

Quand j'arrive devant la place 73, je pousse un cri, horrifiée. Une personne est installée dans ma voiture ! Bon sang, j'avais oublié l'avatar ! J'ai eu si peur. Je m'installe derrière le volant, mets la clé dans le contact, et au moment où je m'apprête à démarrer, j'éclate en sanglots. D'un seul coup, la fatigue, le découragement et le désespoir m'envahissent tout entière. Des flots de larmes dégoulinent de mes joues tandis que mes épaules sont secouées de violents soubresauts. Je ne me contrôle plus. Toutes les larmes que je retenais ces derniers jours coulent sans s'arrêter, la morve aussi, et sans doute mon mascara. Je me sens tellement seule et malheureuse que des douleurs m'étreignent le ventre et se propagent par spasmes jusqu'à ma gorge. Je reste plusieurs minutes ainsi, à pleurer tout mon saoul. Lorsque je reviens à la raison, je me rends compte que ma tête est posée sur l'épaule de mon avatar et que je serre sa main dans la mienne. « Oh, pardon ! » dis-je à voix haute en me redressant. Qu'est-ce qu'il me prend ? Voilà que je me mets à parler à une marionnette. Je suis cinglée.

Je cherche un mouchoir et en trouve un partiellement usagé dans la portière. Je me mouche bruyamment. Je réfléchis en hoquetant par intermittence. Xavier n'aura jamais de déclic. Jamais il ne changera. C'est foutu. Je dois fuir cette vie. Mais où aller ? Que faire ? Je suis certaine que Virginie m'accueillerait à bras ouverts... Mais mon boulot ? Je ne peux pas tout quitter comme ça, d'un coup, sans un minimum de préparation. Un changement de cap, ça s'organise. Il faut vraiment que je réagisse. Ma vie est trop pourrie. J'habite dans un immeuble dégueulasse situé dans un quartier malsain, lui-même situé dans une ville moisie. Je n'ai pas de projets, pas de vacances en vue, pas de joies à venir. Tous les jours, je me tape des heures de transport. Je suis la seule à travailler pendant que ces deux fainéants glandent toute la journée, et il n'y en a pas un seul pour faire en sorte que je rentre dans une maison sinon impeccable, au moins dans l'état où je l'avais laissée. Je suis trop conne. J'avais hâte de rentrer chez moi, mais je m'attendais à quoi ? À ce que mon conjoint ait préparé le repas et mis le couvert ? Depuis des mois il passe tout son temps devant des émissions culinaires, mais lorsqu'il s'agit de sortir son cul du canapé, c'est une autre histoire.

Il n'est plus l'homme que j'ai rencontré il y a vingt-deux ans. À cette époque, il était plein d'allant et d'attention à mon égard. Il rêvait d'avoir son restaurant, il adorait cuisiner. Lorsqu'on s'est installés ensemble, j'adorais les dimanches. Le matin, il allait au marché, et tout l'après-midi je l'entendais siffloter gaiement dans la cuisine. Il me préparait de savoureux dîners. Pendant ce temps-là, je pouvais avoir des loisirs, coudre, m'occuper plaisamment les mains. Il m'offrait régulièrement des fleurs, me couvrait de mots doux et me faisait l'amour avec tendresse. Tout ça, c'est fini. Ce Xavier-là n'existe plus. Quant à Alban, il passe son temps libre à boire avec ses copains ou à gratter les mêmes accords sur sa guitare. Il va en cours quand ça le chante, et à la maison il ne sait rien faire, à part pisser par le balcon. Trop, c'est trop ! Il faut que ça change, que je m'organise pour réinventer ma vie. Dans la poche de mon manteau, mon téléphone sonne. C'est Xavier. J'hésite un peu trop longtemps et mon répondeur s'enclenche. Je le rappelle.

— Oui ? dis-je sèchement.

— T'es où, là ? Alban m'a dit que t'étais rentrée...

— Dans ma voiture. J'avais oublié quelque chose.

— Ah, ben dépêche-toi de remonter, on a faim. Au fait, qu'est-ce qu'on mange ?

— Vous n'avez pas encore dîné ? À cette heure-là ?

— On t'attendait. Alors, qu'est-ce qu'on mange ?

— Je ne sais pas... Tu as acheté quoi ? je demande d'un ton plein d'ironie.

— Moi ? Ben… rien.

— Rien ? Parfait, alors on ne mange rien !

— Qu'est-ce qui te prend ? Je croyais que t'avais fait les courses. Fallait me le demander si tu voulais que j'achète quelque chose. Mais si tu ne me dis rien, comment veux-tu que je devine ?

— Je sais pas, en ouvrant le frigo, par exemple !

— Non, mais ça ne va pas ? C'est ton séminaire qui te met dans cet état ? Ou alors t'as tes règles, ou quoi ?

Je crie :

— Non, je n'ai pas mes règles ! Commence à ranger ton bordel dans la cuisine. J'arrive !

13

D'habitude, quand je fais la liste des courses, Xavier me demande toujours de rajouter ci ou ça. Là, il est terré dans la chambre, porte fermée. Il faut dire que la dispute qu'on a essuyée était phénoménale. Les assiettes ont valdingué. J'étais très en colère. Je lui ai hurlé que j'allais le quitter, que je ne pouvais plus supporter de le voir passer ses journées devant la télé ni qu'il ne m'aide pas au quotidien. Il m'a dit qu'il était extrêmement déçu de mon attitude, que se retrouver dans sa situation à 45 ans, c'était déjà très difficile, qu'il luttait pour garder le moral, et que moi, au lieu de l'aider, je l'enfonçais encore plus. Il n'empêche qu'après ça, il est parti bouder dans la chambre, et je me suis tapé tout le rangement et le nettoyage. Alban a cru bon d'aller chez un copain, « vu l'ambiance ». Depuis, cela fait quatre jours que Xavier et moi, nous nous adressons à peine la parole. Cela me conforte dans mon idée de commencer autre chose ailleurs et sans lui.

J'ai commencé à regarder les offres d'emploi dans le Sud, autour d'Avignon. Dans cette démarche, je suis soutenue par Virginie. Elle va demander autour d'elle et solliciter son mari qui a un bon réseau. J'ai également décidé de prendre davantage de temps pour m'occuper de moi, et pour marquer le coup j'ai posé un jour de congé la semaine prochaine et pris rendez-vous dans l'un des plus beaux instituts de beauté de Paris, près de la place de l'Alma. Ça va me faire un bien fou.

Alban déboule dans la cuisine en pantalon de survêtement et tee-shirt.

— Tu vas au supermarché, là ?

— Ben, oui, comme tous les samedis matin.

— Tu peux penser à la bière ?

— Je n'achèterai pas de bière.

Alban se tourne vers moi et me regarde, éberlué. Il est très rare que je ne souscrive pas à ses exigences. Souvent par facilité, et parce que je suis trop fatiguée, je cède à des demandes auxquelles je ne devrais pas.

— Et pourquoi ?

— Parce que tu bois trop. C'est de l'alcool.

— Hé, j'ai 18 ans, tu te rappelles ?

— Ce n'est pas une raison.

— Papa aussi boit de la bière. S'il n'y en a pas, il va râler.

J'observe mon fils. Il a l'air sûr de lui, certain que l'argument va porter.

— Ce n'est pas mon problème. Si ton père veut de la bière, il n'a qu'à aller en acheter lui-même. Et ton père n'a rien à voir avec le fait que je veux que tu réduises ta consommation. Fin de la discussion.

— Putain ! C'est quoi cette baraque, sans déc' ? T'es sérieuse, là ? Mais t'as quoi, putain ? Depuis que t'es rentrée de ton truc, là, ton séminaire machin chose, tu fais trop ièch !

Piquée, je me lève d'un coup et lui assène une gifle magistrale.

— Plus jamais tu me parles comme ça ! Je suis ta mère. Tu me dois le respect.

Alban a mis sa main sur sa joue rougie. Dans ses yeux, je lis de l'incrédulité et de la colère. Il se précipite dans sa chambre et claque violemment la porte. Je me laisse tomber sur la chaise et prends mon visage dans les mains. Qu'est-ce qui m'a pris ? La dernière fois que j'ai frappé Alban, il devait avoir 5 ans. C'était dans un jardin public. Je lui avais donné une fessée devant tout le monde parce qu'il ne voulait pas rendre un jouet qui appartenait à un autre garçonnet de son âge. J'avais mis des jours à m'en remettre.

— Qu'est-ce qui se passe ?

Je relève la tête. Xavier est lui aussi en survêtement, haut et bas.

— J'ai dit à Alban que je n'achèterais pas de bière. Je veux qu'il boive moins.

— Ça va, c'est que de la bière. C'est pas comme si c'était de la vodka.

— Non, ça ne va pas, non. Tu as vu son dernier bulletin scolaire ? Tu te préoccupes un peu de ce qu'il fait de ses journées ? Et son avenir, tu en fais quoi ?

— Bon... tu m'excuses, hein, mais faut que j'aille m'acheter des clopes.

— Ouais, c'est ça, va-t'en, fuis la conversation !

Xavier franchit les quatre mètres qui le séparent de la porte d'entrée. Il s'apprête à sortir mais se ravise et revient sur ses pas.

— T'es d'une sacrée mauvaise foi. Il y a quatre jours, tu me reprochais de ne rien faire, de te prendre pour une bonniche. Et là, je te dis que je vais acheter mes clopes alors que normalement, c'est toi qui me les rapportes tous les samedis en revenant des courses. Je te décharge de cette tâche et voilà tout ce que tu trouves à me dire ?

Sans me laisser le temps de répondre, il ouvre la porte et sort. Je pousse un cri de rage en même temps que je serre les poings. Bon sang, mais qu'est-ce que j'ai fait pour mériter ça ? Je file à la salle de bains et verrouille la porte derrière moi. Je me tamponne doucement les paupières et les pommettes avec un gant d'eau froide. Ça me fait du bien. Mon bleu a disparu. Seule une petite marque d'un jaune un peu verdâtre demeure. Est-ce que je dois en passer par toutes ces disputes pour changer de vie ? N'y a-t-il pas un moyen d'avancer plus sereinement vers la délivrance ? Pourquoi me faire suer à me rebeller, à essayer de faire comprendre ce qui ne va pas puisque je vais opérer un virage radical, m'en aller et tout laisser derrière moi ? Mais Alban ? Que faire d'Alban dans cette équation ? C'est mon fils, je ne peux pas le laisser tomber, aussi pénible soit-il. C'est de ma faute s'il est mal élevé. Celle de Xavier aussi. On ne lui a pas assez fixé de limites. Mais peut-être qu'il est encore temps. D'un point de vue scolaire, ce n'est peut-être pas trop tard non plus. Il a redoublé une fois mais il avait un an d'avance. 18 ans, en terminale, tout est encore possible s'il se met à travailler. Si seulement je pouvais lui faire comprendre que son avenir se joue maintenant. S'il pouvait prendre ça au sérieux. Mais non ! On dirait qu'il se fiche de tout. Pourtant, Alban n'est pas un mauvais garçon. Il a un bon fond, ça, je le sais. Je vais aller lui parler.

Je repose le gant sur le bord du lavabo et m'attarde sur mon reflet dans le miroir. Mon visage est celui d'une femme usée et fatiguée. Yeux éteints, épiderme terne, sans compter les petites ridules qui apparaissent autour de la bouche et dans le coin des yeux. On dirait que la peau de mon cou commence à se flétrir. Quant à mes cheveux, ils ne ressemblent à rien. Je n'ai plus de coupe. Je me trouve moche, enfin, pas moche mais pas séduisante. Ce que je vois dans la glace n'est pas le visage d'une femme qui s'apprête à prendre un nouveau départ. Il faut que je change tout ça aussi.

Je frappe à la porte de la chambre d'Alban mais il ne me répond pas. Je suis sûre qu'il a son casque vissé aux oreilles. Je tente d'entrer mais, évidemment, c'est fermé à clé. Je toque un peu plus fort.

— Alban ! Laisse-moi te parler, s'il te plaît ! Alban !

— Fous-moi la paix !

— Alban, allez, s'il te plaît !

— Non !

Je n'insiste pas davantage. Je lui parlerai plus tard. Il faut que j'aille faire les courses avant qu'il y ait trop de monde. Je revêts mon manteau, me chausse, prends les sacs recyclables.

Lorsque je pénètre dans l'ascenseur, une voix haut perchée m'interpelle depuis le palier. Mme Brunovitch.

— Ah, ma petite Claire ! Comment ça va ? me demande-t-elle en me rejoignant dans l'habitacle.

— Ça va, merci. Et vous ?

Ses cheveux de jais sont comme à l'habitude rassemblés en un chignon impeccable. De toutes petites fleurs en plastique rose pâle sont plantées dedans. Son manteau noir, assorti à des escarpins à petits talons, s'ouvre sur une robe ajustée en laine verte. Son maquillage est coloré. Bleu sur les paupières, rouge sur les joues et orange nacré sur les lèvres. Des boules en plastique de la même couleur pendent à ses lobes. En guise de sac, elle porte, serrée sous son aisselle, une pochette en plastique vert foncé imitation croco.

— Je vais très bien. Je fonce chez *Darty*. Figurez-vous qu'il y a une promotion incroyable sur les sèche-cheveux. Ça a commencé ce matin et ça se termine ce soir, mais si vous voulez mon avis, à midi, il n'y aura déjà plus rien !

— Vous croyez ?

— J'en suis sûre ! Pensez-vous, des prix pareils, c'est imbattable !

— Si vous le dites !

Lorsque nous quittons l'immeuble, nous nous souhaitons mutuellement une bonne journée. Et tandis que je marche vers ma voiture, je la vois progresser devant moi à petits pas rapides.

14

Dimanche soir. Demain, je dois retourner au boulot et ça m'emmerde au plus haut point. Cela dit, je viens de passer un week-end minable. Xavier ronfle à côté de moi dans le lit, et je sens que je vais avoir beaucoup de mal à m'endormir. Il a avalé un somnifère au moment du repas en prétextant qu'ainsi, il se lèverait plus tôt le lendemain, avant d'ajouter comme une provocation : « Comme ça, il y en a une qui sera contente. » Je n'ai pas relevé.

Après le dîner, nous étions tombés d'accord pour regarder un DVD, et notre choix s'est porté sur *Titanic*. Notre dernier visionnage de ce film remontait à plusieurs années. Xavier est parti se coucher au moment où Kate hésite à se suicider en se jetant par-dessus bord. « Bon, ça me saoule. Qu'elle saute une bonne fois pour toutes et qu'on n'en parle plus ! » Et c'est un peu plus tard, au moment où Kate et Léo font l'amour pour la première fois, qu'Alban est rentré. Je ne l'avais pas revu depuis la gifle (il avait profité, la veille, que j'aille faire les courses pour se carapater chez un copain). J'ai attendu la fin du film pour ne pas lui donner l'impression de me jeter sur lui à peine le seuil franchi, puis je suis allée toquer à la porte de sa chambre.

Il n'a pas répondu. Ce n'était pas fermé à clé, alors je suis entrée. Il était assis sur son lit, en train de démêler les fils de ses écouteurs. Je me suis approchée lentement, comme je l'aurais fait avec un animal sauvage, et me suis assise à côté de lui. Il s'est écarté légèrement pour manifester sa désapprobation.

— Il faut que je te parle.

— J'ai rien à te dire.

— Eh bien, tu ne diras rien. Tu écouteras simplement...

Je me suis raclé la gorge. J'ignorais comment j'allais m'y prendre.

— Tu sais, quand tu es venu au monde...

— Ah, ouais, carrément...

— Oui, carrément. C'est important de remonter jusque-là. Donc, quand tu es venu au monde, même avant, lorsque j'étais enceinte, tu as chamboulé ma vie. Je sais, ça paraît un peu banal de dire ça, c'est ce que racontent toutes les mères, mais c'est vrai. Tu es d'un seul coup devenu le centre de mon existence, la personne la plus importante au monde. Quoi que tu fasses, je savais que j'allais t'aimer envers et contre tout. Les années ont passé. Tu as grandi, tu es devenu un petit garçon très vif et dynamique, puis un ado rebelle et difficile. J'ai fait ce que j'ai pu pour t'élever correctement, te donner un maximum de chances dans la vie... Certes, j'aurais sûrement dû à de nombreuses reprises me montrer plus sévère, mais je ne voulais pas t'éduquer avec un bâton à la main. Je voulais tabler sur la confiance. Malheureusement, j'ai l'impression que ça n'a pas fonctionné...

— Ouais, d'accord. Donc, tu es en train de faire mon procès, c'est ça ?

— Non, Alban, je ne suis pas en train de te reprocher quoi que ce soit. Ce que j'essaye de t'expliquer, c'est que je pensais qu'avec cette méthode tu allais comprendre que ta vie t'appartient, que tes choix te concernent toi, et toi seul...

— Quels choix ?

— Eh bien... par exemple... là, il semble que tu as choisi de ne pas travailler et de sécher les cours...

— N'importe quoi ! C'est pas un choix ! J'y vais pas parce que c'est naze et que ça sert à rien. Si on apprenait plein de trucs intéressants, eh ben, j'irais...

— Tu vois, c'est là où tu te trompes. Tu crois qu'on ne te donne pas le choix, mais tu en as déjà fait un : celui de tout laisser tomber et de mettre ton avenir en péril.

— Pfff ! N'importe quoi !

— Non, c'est pas n'importe quoi. Tu vas faire quoi si tu n'as pas ton bac ?

— Ben, je redouble. Ou alors j'ai qu'à travailler.

— OK, admettons. Première hypothèse : tu redoubles. Cela veut-il dire que l'année prochaine tu serais prêt à recommencer la même chose que ce que tu fais maintenant ? Suivre les mêmes cours inintéressants dans le même lycée avec les mêmes profs chiants mais sans tes potes qui, eux, seront peut-être déjà en fac ou à l'université ?

— ...

— Et il faudra que tu bosses, sinon, potentiellement tu ne seras toujours pas à même d'avoir ton bac !

— ...

— Alors pourquoi ne pas travailler dès maintenant ? Pourquoi perdre un an ?

Alban s'énervait avec ses fils. Ses gestes devenaient de plus en plus nerveux et saccadés.

— Bon, deuxième hypothèse : tu entres sur le marché du travail. Déjà, je te garantis qu'aujourd'hui, trouver un boulot sans diplôme, c'est très difficile. Mais bon... disons que tu vas te donner un mal de chien pour décrocher un job. J'ai juste une petite question. Tu vas chercher dans quel secteur ? Qu'est-ce que tu sais faire ? Tu n'as pas de qualification...

— Si t'es venue dans ma chambre pour me descendre, tu peux sortir.

— Je ne suis pas venue pour te descendre, Alban. J'essaye de te mettre la réalité en face des yeux. On ne vit pas dans le monde des Bisounours. Personne ne t'attend nulle part !

— Et après, tu dis que tu m'aimes...

— Oui, je peux même te le redire. Je t'aime. Et c'est justement parce que je t'aime que je te dis tout ça. Il faut que tu te reprennes en main. Je peux faire beaucoup de choses pour toi, mais pas construire ton avenir. Est-ce que tu sais ce que tu aimerais faire de ta vie ?

— Nan.

— C'est peut-être de là que vient le problème. Tu ne sais pas ce que tu veux faire donc tu ne vois pas l'intérêt de bosser en cours. Je pense que c'est par là qu'il faut commencer. Réfléchir à ce que tu veux faire. Une fois que tu auras trouvé, tu auras un objectif, et tout sera plus simple. Tu me promets d'y penser ?

— …

— Alban ?

— Ouais.

— Autre chose que je voulais te dire…

— Ouais, ben, j'aimerais bien me coucher.

— Qu'est-ce que tu racontes ? Je sais très bien que tu ne te couches jamais avant au moins 1 heure du mat'. D'ailleurs, si tu veux mon avis, c'est pas une bonne chose. Après, tu es fatigué en cours. Donc, à propos d'hier… la claque…

Alban s'est tout de suite assombri à cette évocation.

— Je ne voulais pas te la donner et je m'en excuse. En revanche, je ne veux plus jamais que tu me parles comme tu l'as fait. Tu dois me respecter. Me respecter, ça veut dire me parler correctement, et aussi m'aider à la maison. D'accord ?

— …

— Alban ?

— Ouais, ouais, c'est bon ! m'a-t-il répondu, énervé, en balançant ses écouteurs à travers la pièce.

Je me suis levée pour les ramasser. Les câbles complètement emmêlés formaient un magma de plastique blanc. Il fallait clore cette discussion avant que celle-ci dégénère. Je suis allée dans le salon, j'ai démêlé les fils et suis revenue dans sa chambre.

— Tiens. C'était un vrai nœud !

— Merci, a-t-il marmonné. Tout le monde a des écouteurs sans fil. Je suis le seul à me trimbaler encore avec cette merde. Peut-être que je pourrais en avoir, moi aussi ?

— On verra. Réfléchis d'abord à ce que je t'ai dit.

— J'ai réfléchi, et, de toute façon, c'est trop tard.

— Trop tard ? Trop tard pour quoi ?

— Pour avoir mon bac cette année. J'ai complètement foiré mon premier trimestre, et vu que c'est un contrôle continu, c'est mort ! Et puis il y a plein de cours où je comprends rien !

Il était au bord des larmes. Une lueur d'espoir s'est allumée en moi. Notre discussion avait fait écho en lui.

— C'est jamais trop tard, Alban. Le deuxième trimestre vient à peine de commencer. Et puis si tu as du mal, on pourrait demander à l'étudiante du septième de t'aider, tu sais, celle qui a mis des annonces dans le hall. Ses tarifs ont l'air tout à fait honnêtes.

— Oh, non, pitié ! Pas cette meuf, je vois qui c'est, c'est une naze !

— Oui, ben, tu peux mettre tes préjugés de côté pour un temps, tu ne crois pas ?

— Mouais, hésite-t-il.

La discussion s'est finie comme ça, sur une belle note d'espoir. La seule positive du week-end. Le dialogue avec mon fils n'est pas rompu. Est-ce que cela va déboucher sur des actions concrètes ? Je sais à quel point Alban se décourage facilement. Il a un tel manque de confiance en lui… Il est toujours persuadé qu'il va tout rater. C'est en partie pour cette raison qu'il ne fout rien et qu'il sèche, parce que c'est plus facile que d'essayer et de se rendre compte qu'on n'y arrive pas. Qu'est-ce que j'ai loupé pour qu'il doute à ce point de lui ? Suis-je la seule responsable ? Sans doute certaines expériences ont-elles façonné sa personnalité. Et la génétique, vient-elle jouer un rôle dans tout ça ?

Tiens, Xavier s'est arrêté de ronfler. Incroyable ! Je ferais mieux de profiter de cette accalmie pour essayer de dormir.

15

Lorsque j'arrive au bureau le lendemain, je me rends tout de suite compte que quelque chose cloche. Delamare se tient debout à l'accueil et affiche une mine sinistre. Sa carrure de rugbyman aussi large que haute semble s'être rétrécie sous le coup de la contrariété, et sa coupe au bol est encore plus ridicule que d'habitude. Je réfléchis rapidement. Qu'est-ce que j'aurais pu faire dernièrement qui le mette en colère ? Je ne trouve rien.

— Vous êtes en retard, me balance-t-il en guise de bonjour.

Je regarde ma montre.

8 h 55. J'ai cinq minutes d'avance !

Je m'apprête à protester, mais il enchaîne tout de suite.

— Il nous arrive une grosse tuile ! Valéria s'est salement amochée, elle s'est fracturé le tibia. Elle ne va pas pouvoir reprendre le travail avant plusieurs semaines.

— Mince ! dis-je. Comment c'est arrivé ?

— Cette idiote a fait une chute dans l'escalier d'une discothèque. Si vous voulez mon avis, je pense qu'elle était bourrée. Et puis quelle idée d'aller en boîte à son âge !

Je préfère ne pas poursuivre dans son sens ni le contredire, alors je me tais et j'attends la suite. Delamare fait quelques pas dans la pièce avant de s'arrêter devant moi. Il me regarde d'un drôle d'air, un air que je ne lui ai jamais vu, mi-coquin, mi-méfiant. Je me demande ce qu'il veut.

— Vous ne vous déshabillez pas ?

Quoi ?

— Euh… si, si, je réponds en dénouant mon écharpe.

Voilà qu'il évolue lentement autour de moi en me fixant toujours bizarrement. Il me dépasse d'une bonne tête, et je me sens comme une petite souris menacée par un oiseau de proie tournoyant dans le ciel.

— Il y a un souci, monsieur Delamare ? je demande une fois que j'ai ôté mon manteau.

Campé devant moi, il semble hésiter.

— Oh, et puis merde ! Venez avec moi, dit-il en partant en direction de son bureau.

Cette fois, c'est moi qui hésite, alors Delamare revient sur ses pas.

— Qu'est-ce que vous foutez ? Pourquoi vous restez plantée là ? Suivez-moi, je vous dis !

Qu'est-ce qu'il peut bien me vouloir ? Je lui emboîte le pas de mauvais gré et le suis dans le long couloir qui mène à son bureau. Il pourrait être plus aimable et éviter de me parler comme à un chien ! Il ouvre la porte et s'efface pour me laisser passer. L'espace est immense et lumineux. Une belle table en bois et acier trône au milieu de la pièce. Au fond, un petit salon avec télé, et, plus proche de moi, une immense bibliothèque contenant des dossiers et quelques bibelots. Depuis que je travaille chez Nextlift, je crois que je n'ai pas mis les pieds dans cette pièce plus de trois fois. Il pénètre à son tour dans son bureau et ferme la porte à clé. Oh, non ! J'espère qu'il ne va pas me demander de lui rendre le service auquel Valéria est habituée. Il s'assied dans son fauteuil de l'autre côté de la table et lève la tête vers moi. Je n'ai pas bougé d'un centimètre.

— Qu'est-ce que vous faites ? Venez vous asseoir, j'ai à vous parler, dit-il en indiquant le siège face à lui.

J'avance précautionneusement, je reste sur la défensive. Delamare remarque ma réserve.

— Mais enfin, Claire, qu'est-ce que vous avez aujourd'hui ? Je ne vais pas vous manger !

Je prends place du bout des fesses, prête à bondir au moindre signe d'agression. Le fait qu'il ait préféré s'asseoir à son bureau plutôt que dans le coin aménagé en petit salon me rassure un peu. J'observe le canapé et ses coussins, la table basse et les deux fauteuils crapauds. C'est sûrement à cet endroit que Valéria a l'habitude de le soulager. Est-ce qu'elle est à genoux sur le sol pendant que ce gros dégueulasse écarte les cuisses, vautré sur le canapé ? Ou est-ce que, debout, il la tient par la tête tandis qu'elle est assise dans l'un des fauteuils ? Delamare interrompt ma réflexion.

— Bon, Claire...

Il soupire, prend un stylo sur son bureau et le fait tourner entre ses doigts. Je ne sais pas ce qu'il a à me demander, mais ça paraît difficile, et il semble peser le pour et le contre.

— Cela fait combien de temps maintenant que vous travaillez pour moi ? Dix ans, douze ans ?

— Oui... c'est ça. Un peu plus de douze ans...

— Ça fait donc un bon bout de temps. Et je n'ai pas eu à me plaindre une seule fois de vous. C'est pourquoi… j'ai envie de vous faire confiance, hésite-t-il.

Je ne suis pas à l'aise. Tout cela n'augure rien de bon. De longues secondes s'égrainent. Puis, d'un seul coup, il poursuit d'un ton résolu, prouvant qu'il a pris sa décision :

— Bon, je ne vais pas y aller par quatre chemins. L'absence de Valéria est un vrai problème. Au-delà du travail qu'elle fournit pour l'entreprise, Valéria est souvent amenée à me rendre… de menus services. Vous voyez de quoi je veux parler ?

— Euh…

Mon rythme cardiaque s'accélère.

— Non, bien sûr… Comment pourriez-vous le savoir ? Comme tous vos collègues, sans réellement imaginer de quoi il retourne, vous vous doutez que Valéria s'occupe aussi de… d'arranger certaines de mes petites affaires, n'est-ce pas ?

D'un seul coup, j'ai l'impression que tout mon sang afflue à mon visage. Je suis sûrement cramoisie.

— Alors voilà, comme je ne peux plus faire appel à elle, tout du moins pour l'instant, j'ai pensé à vous pour la remplacer.

Je me lève d'un bond, outrée, le cœur battant à mille pulsations par minute. Je me dirige d'un pas décidé vers la porte. Je ne veux rien entendre de plus.

— Claire ! Qu'avez-vous ?

— Vous vous rendez compte de ce que vous me demandez ? Je pourrais porter plainte. D'ailleurs, je crois que c'est ce que je vais faire tout de suite.

Delamare s'empresse de me rejoindre devant la porte et de retirer la clé de la serrure. Je suis enfermée et à sa merci.

— Oui, Claire, vous pourriez me dénoncer mais vous ne le ferez pas.

— Et pourquoi ?

— Parce que vous mettriez l'entreprise en péril. Je suis sûr que vous ne voulez pas faire courir le risque à tous vos collègues de perdre leur emploi et de perdre le vôtre par la même occasion. Et puis, dans ce cas, pourquoi ne pas m'avoir dénoncé avant ?

La fureur s'empare de moi.

— Parce qu'avant je n'étais pas concernée ! Ce que Valéria accepte de faire avec vous, ça ne me regarde pas, même si je trouve ça... répugnant, à vomir !

— Eh, n'exagérez pas, tout de même ! Il n'y a rien de dégradant dans ce que je lui demande. Elle y trouve largement son compte et, croyez-moi, elle est bien contente d'arrondir ses fins de mois.

Parce qu'elle est payée, en plus ?

— Mais c'est horrible ! Cela veut dire qu'elle ne le fait pas de son plein gré. Vous l'achetez. C'est dégueulasse, vous abusez d'elle. Rendez-moi la clé ! Je veux sortir d'ici ! Je vous préviens, si vous me touchez, je hurle, espèce de sale pervers !

Au lieu de me tendre la clé, Delamare recule et me dévisage, visiblement choqué.

— Mais enfin, Claire, de quoi parlez-vous, là ? Que croyez-vous que je demande à Valéria ?

— Ben, de... de vous...

— De me quoi ?

D'un seul coup, le doute s'empare de moi. Non, ce n'est pas possible. J'aurais tout interprété de travers ? C'est au tour de Delamare de sortir de ses gonds. La peau de son cou devient soudainement constellée de petites taches rouges. Il me hurle dessus.

— Pour qui me prenez-vous ? Je suis marié ! Et vous croyez que je n'ai que ça à foutre, de sauter ma comptable ? Valéria, en plus ! Vous n'avez pas honte ?

Si, je suis consternée.

— C'est-à-dire que... Excusez-moi, je bredouille. Cyril... C'est un terrible malentendu !

— Ça ne m'étonne pas de Cyril de raconter des conneries pareilles. C'est un abruti. Mais vous, Claire ? Comment pouvez-vous croire à de telles stupidités ?

— Pardon... Je ne sais pas...

— Non mais vous, alors ! Imaginer un truc pareil !

— Je suis désolée...

Quelle humiliation ! Je voudrais me transformer en tout petit insecte pour aller me glisser sous le tapis. Je me balance d'un pied sur l'autre telle une enfant prise en faute. Comme il en est coutumier, la colère de Delamare s'évanouit d'un coup. Il éclate de rire et retourne à son bureau. Puis son rire disparaît aussi vite que sa colère pour laisser place à un ton ferme.

— Bon, assez perdu de temps. Revenez vous asseoir, je vais vous expliquer de quoi il s'agit.

16

J'ai regagné mon poste tel un automate. Le reste de la journée s'est déroulé comme si je n'étais pas là. J'ai tout fait machinalement tant il m'était impossible de penser à autre chose qu'à notre entretien. À l'heure du déjeuner, j'ai avalé le contenu de mon Tupperware (une salade de maïs, thon et haricots verts) devant mon ordinateur. En début d'après-midi, Pascale a réparti les tâches de Valéria entre Soraya, Prune et moi, sauf l'établissement des feuilles de paye dont elle se chargera elle-même. Ce qui me revient n'est pas compliqué, pointer des chiffres, mais c'est long et fastidieux. Et maintenant, Delamare veut que je récupère des enveloppes de cash ou que je dépose des dessous-de-table auprès d'entreprises partenaires ou de syndics d'immeubles. La récurrence de l'opération est variable, et tout cela va m'amener à faire de nombreuses heures supplémentaires. Je n'ai pas osé demander à Delamare de me les rétribuer, d'autant plus que je serai payée deux cents euros à chaque transfert. Après m'avoir balancé ce qu'il attendait de moi, Delamare a gagné sa bibliothèque. Derrière une porte en bois, il y a un grand coffre en métal fermé par un code. Lorsqu'il l'a ouvert, j'ai été choquée.

Sur l'étagère supérieure, des piles de billets étaient disposées en ordre décroissant, de deux cents à dix euros. Je n'en avais jamais vu autant ! Il a pris un cahier petit format posé à côté des billets et m'a expliqué que Valéria notait dedans toutes les sommes qui entraient et sortaient, ainsi que les dates de ces opérations et la provenance.

— Vous devrez faire exactement la même chose, m'a-t-il dit en me tendant le cahier pour que je le feuillette.

Sur des colonnes tracées à la règle, l'écriture à la fois nerveuse et appliquée de Valéria détaillait des mois de transfert d'argent. Les pattes de mouche de Delamare y figuraient également. Et sur la dernière ligne, le solde actuel : cent trente-trois mille sept cents euros ! Mais comment c'est possible ?

— Il va de soi que je connais le montant exact de toutes les sommes qui entrent et qui sortent, et qu'à la moindre suspicion à votre égard je peux facilement refaire les calculs. Bien sûr, je sais que vous ne me créerez pas d'embrouilles, mais je préfère quand même vous préciser ce détail. Autre chose, seuls Stefano et Valéria connaissent l'existence de ce coffre. Et vous maintenant. Vous ne devez parler de cela à personne. Pas un mot à vos collègues, bien sûr. Les autres commerciaux ne se chargent jamais de liquide, je n'ai pas confiance en eux. Pas un mot non plus à votre entourage. Même pas à votre mari. C'est compris ?

J'ai répondu par un hochement de tête. J'étais encore mortifiée par le malentendu.

— Vous avez l'application Uber sur votre téléphone ?

— Non.

— Bon, il faut la télécharger. L'entreprise y a un compte, vous n'aurez rien à payer. Je préfère que vous évitiez de vous trimbaler dans les transports en commun avec plein de biffetons. Vous avez des questions ?

— Non...

Il a conclu cet entretien surréaliste en me disant qu'il espérait que j'étais consciente de ma chance. Il m'offrait la possibilité de gagner de l'argent facile et m'honorait de sa confiance, un privilège qu'il n'accordait pas à tout le monde. Enfin, il s'est dirigé vers la porte de son bureau en me signifiant d'un mouvement de tête que je pouvais reprendre mon travail.

— Je n'ai pas l'intention de prendre une intérimaire pour remplacer Valéria, donc je compte sur vous pour faire le dos rond. Il va y avoir du pain sur la planche dans les semaines à venir.

À 20 h 40, alors que je m'apprête enfin à fermer mon PC, Stefano traverse la pièce en direction de son bureau. Ce type a une classe folle !

— Alors, ça y est ? Tu fais partie du sérail maintenant ?

La question me surprend tellement que je ne peux qu'éructer un son ridicule, vaguement affirmatif.

— Denis t'a bien expliqué tous les tenants et aboutissants ?

— Euh... non, pas vraiment. Il m'a juste précisé ce que je vais devoir faire.

— Tu ne te demandes pas d'où sort tout ce fric ?

— Si, justement, je me p...

— Est-ce qu'on est seuls ? me demande-t-il d'une voix de conspirateur en se rapprochant du comptoir.

— Pardon ?

— Est-ce que tout le monde est parti ?

— Oui... Il n'y a plus personne.

— OK, parce que ce que je vais te dire doit rester confidentiel.

— D'accord...

— En tant que fabricants et réparateurs d'ascenseurs, nous travaillons avec les syndics de copropriétés. Ceux-ci font des appels d'offres pour les bâtiments dont ils ont la gestion, soit pour équiper un immeuble, soit pour remplacer leur vieil ascenseur pourri. Environ soixante pour cent des syndics sont véreux. Dans les faits, ils touchent des pots-de-vin sous diverses formes. Je te donne un exemple. Tu te souviens du devis que tu as tapé pour l'ascenseur qu'on devait remplacer avenue Trudaine ? Celui qui était entièrement en verre avec les poulies chromées ?

— Euh, oui...

En fait, non, pas vraiment.

— Le syndic nous a garanti l'obtention du marché à condition que notre devis se monte à huit pour cent de plus que le prix réel.

— Mais... quel intérêt ?

— Eh bien, l'intérêt, c'est que ces huit pour cent de plus soient pour eux. Nous, on a le marché, donc du boulot pour tous les salariés, de l'argent qui rentre, et eux, ils ont le cash que nous on leur redonne dans une jolie enveloppe une fois le contrat signé.

— Mais, je ne comprends pas... Le choix final de l'entreprise retenue appartient aux copropriétaires. Ce sont bien eux qui votent lors de leur assemblée, non ?

— Oui, bien sûr. Mais pour être certain que ces moutons vont voter pour l'entreprise souhaitée par le syndic, ce dernier a plusieurs techniques, par exemple celle de la chèvre.

— La technique de la chèvre ? Qu'est-ce que c'est ?

— Le syndic lance l'appel d'offres auprès de trois entreprises qui ont pour habitude de se mettre d'accord pour rafler les marchés. Les deux premières feront volontairement une propale[1] bien moins attractive que la troisième. Par exemple, la propale sera plus coûteuse ou moins séduisante, tout ça afin d'amener le commanditaire à signer avec la troisième entreprise. Et lors de l'appel d'offres suivant, ce seront les deuxième et troisième qui feront le nécessaire afin que l'intérêt se porte sur la première. Et tout ça à tour de rôle. Tous les marchés ne se valant pas, c'est ainsi que de nombreuses enveloppes plus ou moins bien garnies circulent dans tous les sens, entre entreprises, entre syndics et entreprises, et parfois même en direction du président du conseil syndical[2]. Lorsqu'il persuade tous les autres copropriétaires du bien-fondé des dépenses souhaitées par le syndic, eh bien, le syndic n'oublie pas de lui donner une petite commission. Ou lorsque l'entreprise qui contacte le président est finalement retenue par son syndic, là, c'est l'entreprise qui le rétribue discrètement.

— Mais... c'est dégueulasse !

— Tu as raison, c'est pourri.

— Au final, les copropriétaires sont toujours perdants.

— Ouais, ce sont eux les pigeons. Il faut dire qu'ils payent toujours ce qu'on leur demande sans chercher vraiment plus loin. Mais c'est comme ça que ça fonctionne. Et ça ne date pas d'hier.

— Et le fisc… Il ne s'aperçoit de rien ?

— Le fisc connaît bien toutes ces pratiques. Pour eux, ça ne vaut pas forcément le coup d'instruire un dossier. Heureusement pour nous, leurs moyens humains sont limités pour débusquer les fraudes fiscales. Ils préfèrent mettre leurs inspecteurs sur des coups plus juteux et plus faciles. Les rares fois où ils interviennent, c'est quand il y a dénonciation. Ça leur permet de taper directement au bon endroit et de gagner du temps, donc de l'argent. Et puis tu sais, comme les devis signés sont souvent les plus chers… Or, qui dit plus cher dit plus de TVA, plus d'impôts sur les sociétés, plus de CFE, plus de…

Je l'interromps.

— Oui, je vois. Toutes ces combines engraissent aussi l'État.

— Exactement !

— Et nous, on a des partenaires pour cette technique de la chèvre ?

— Oui, Conti et Vésuvia. Tu vas voir, quand tu iras chercher les enveloppes ou en déposer, ce sera soit auprès de syndics, soit auprès de ces entreprises, parfois même ailleurs.

— Mais, alors, j'imagine que tous les corps de métiers font la même chose ?

— Oui. Tout le monde s'en met plein les poches. De l'architecte qui fera ravaler l'immeuble au plombier qui est chargé de l'entretien des canalisations. Le fric que génère un immeuble, c'est comme un gros gâteau à partager entre quelques happy few. Heureusement pour les copropriétaires, repeindre la façade n'arrive qu'une fois tous les vingt ans, *idem* pour les ascenseurs qu'on ne change pas tous les quatre matins.

— C'est quand même pourri !

— Oui, enfin...

— Quoi ?

— J'imagine que Delamare va te payer pour jouer au facteur.

— Euh... oui.

— Toi aussi, tu fais partie du système, maintenant. Tu contribues à plumer tous ces gens.

Cette réalité me saute soudain à l'esprit.

— Tu as raison, dis-je, interdite. Dans ces conditions, je ne sais pas si je vais...

— Ne sois pas stupide ! Tu ne vas pas refuser sous prétexte que tu as des principes.

— Je n'en sais rien. Est-ce que je vais pouvoir me regarder dans une glace après ?

Stefano éclate de rire.

— Tout de suite les grandes phrases. Si tu refuses, le monde ne va pas revenir dans le droit chemin pour autant, et c'est quelqu'un d'autre que toi qui profitera de ce fric. D'ailleurs, si je peux me permettre... Delamare va te payer combien à chaque transfert ?

— Deux cents euros.

— Valéria était payée trois cents. Tu n'as pas essayé de négocier ?

— Je n'y ai pas pensé. J'ai cru que… que…

Stefano jette un œil à sa montre.

— Merde ! J'ai encore pas mal de boulot, faut que j'y retourne, dit-il en se dirigeant vers son bureau.

Avant de refermer la porte derrière lui, il ajoute :

— Tu fais partie des intimes du boss désormais. C'est une sacrée promotion. Tous les deux, il faudra qu'on aille fêter ça !

17

J'aimerais que ce feu rouge dure au moins une heure. J'ai besoin de faire le point sur ce qu'il s'est passé aujourd'hui, et l'isolement rassurant de ma voiture est le lieu idéal, d'autant plus que mon avatar va me prêter une oreille attentive. Je sais qu'il n'en sera rien, mais je ne peux me départir de ce sentiment d'avoir près de moi une présence humaine.

Le feu passe au vert. Déjà ! Lorsque je suis pressée, il me semble pourtant interminable. J'avance lentement. Il fait nuit, et la pluie vient de cesser. Les lumières des réverbères miroitent sur les trottoirs mouillés. Dans moins de trois cents mètres, je serai devant mon immeuble. Je ne vais quand même pas tourner en rond en voiture dans mon quartier pour pouvoir réfléchir ! Non, c'est idiot. Et puis ça pollue. Je me gare place 73. Je regarde à droite, à gauche, me retourne… Il n'y a personne. J'observe mon avatar tout en songeant à Delamare et à sa proposition qui avait tout d'un ordre. J'ai accepté parce que j'étais prise de court, mais ce qu'il me demande est illégal ! En même temps, je n'ai rien à perdre, c'est surtout mon patron qui risque gros. Bon, combien de temps Valéria va-t-elle être absente ? Un tibia fracturé… Elle devrait en avoir pour huit semaines, peut-être. Admettons deux mois. Si je vais chercher quatre enveloppes, j'aurai huit cents euros. Je ne peux pas me permettre de refuser. Et puis ça me changera un peu. Sauf que durant mon absence, personne ne va faire mon travail à ma place. Hum… c'est un point à soulever. Je dois en parler à Delamare. J'ai déjà récupéré une partie du boulot de Valéria, si en plus je vais chercher les enveloppes, il va me falloir travailler la nuit ! Bon, demain, j'expose la situation au patron. J'espère que j'arriverai à lui demander de me payer mes heures sup. S'il est OK, alors j'accepte de m'occuper de ses enveloppes. Mais s'il refuse, je décline sa proposition. Ce n'est pas plus compliqué que ça. Pas question que je bosse gratis !

Oups ! Voilà que je parle à voix haute. Je jette un œil alentour. Toujours personne. Si on me voit, on va certainement me prendre pour une folle. Mais je me sens soulagée, comme si je m'étais confiée à quelqu'un de réel. Après tout, que ce soit une marionnette ou une vraie personne, quelle importance finalement ? D'autant plus que je n'attendais pas de conseils. Je suis contente, la situation m'apparaît plus clairement. Je prends mon sac et sors de la voiture. Il est très tard, d'ordinaire, je rentre au moins trois heures plus tôt. Je sais qu'il en sera de même pour les trois jours qui vont suivre, d'abord parce que j'ai pris mon vendredi, ensuite à cause de la charge de travail supplémentaire due à l'absence de Valéria. Malgré tout, je ne peux m'empêcher de sourire. Ce n'est pas la perspective de m'enrichir ou de mettre un peu de piment dans ma vie qui me met dans cet état, mais la réflexion que Stefano m'a adressée : « Tous les deux, il faudra qu'on aille fêter ça ! »

« Tous les deux... » Cette fois, on a franchi une étape. Ce n'est que lorsque l'ascenseur s'arrête à mon étage que, rattrapée par la mauvaise ambiance qui règne à la maison, l'angoisse me gagne. Et l'idée que je vais bientôt changer de vie ne m'apporte aucun soulagement car il va bien falloir parler de ma décision à Xavier et Alban. Quelles seront leurs réactions ? Je suis prête à amener Alban avec moi, mais Xavier ? Est-ce qu'il ne risque pas de tomber dans un état dépressif ?

Lorsque je pénètre dans l'appartement, je suis surprise de voir qu'une bougie parfumée brûle sur la console de l'entrée. Et dans la cuisine, le couvert est mis. Xavier est dans le salon, assis devant la télé, en train de fumer une cigarette.

— Bonsoir, dis-je.

— Bonsoir.

Pour une fois, il fait l'effort de relever la tête et de me regarder.

— Ça va ? demande-t-il, hésitant.

Je réponds par l'affirmative. Ça aussi, c'est nouveau. D'habitude, il ne se fatigue pas à me demander comment je vais.

— C'est toi qui as mis le couvert ?

— Non, c'est Alban. Moi, je voulais préparer à manger, mais je n'avais pas trop d'idées... Et j'ai eu peur de mal faire...

— Ah... la prochaine fois, lâche-toi. Je ne vois pas pourquoi tu ferais mal, d'autant plus que tu sais cuisiner.

Il me sourit mais je n'arrive pas à lui retourner son sourire. J'essaye, mais mes zygomatiques sont comme retenus par des liens tendus. Je ne m'attarde donc pas. Je vais dans la chambre, me déshabille et enfile un pantalon de pyjama avec un tee-shirt à manches longues. Vu l'heure, je prendrai ma douche après le dîner. Je ne sais pas ce que je vais faire à manger. C'est l'éternel problème quand on cuisine tous les jours. Trouver un plat qui soit simple, bon, rapide à préparer et qu'on n'a pas déjà mangé la veille. Avant de résoudre cette équation, je vais frapper à la porte d'Alban. Il me crie depuis l'intérieur que c'est ouvert. C'est assez inhabituel. Je passe la tête dans l'entrebâillement. Alban est assis à son bureau en train de consulter un livre de classe. Décidément, ce soir, je vais de surprise en surprise. Mais je n'en montre rien, mon fils est assez susceptible.

— Merci pour le couvert !

— De rien.

— La bougie, c'est toi aussi ?

— Ouais.

— C'est cool.

Ô joie ! On dirait que notre conversation de l'autre jour n'a pas été noyée dans un puits sans fond. Je m'approche lentement d'Alban. Je sais que si je lui demande ce qu'il fait, ça va l'énerver. Il se sent diminué parce qu'il a beaucoup de mal en cours et qu'en parler génère en lui de l'agressivité.

— J'ai appelé l'étudiante du septième aujourd'hui, dis-je d'une voix la plus douce possible.

— Oh, naaan ! M'man, t'as pas fait ça ? geint-il.

— Si. Elle passera demain soir pour faire un point avec toi, voir quelles sont tes difficultés et établir un planning en conséquence. Elle te donnera quatre heures de cours par semaine.

— Quoi ? Quatre heures ?

Le livre à la main, il bondit sur ses pieds.

— Quatre heures ! Mais t'es malade, toi !

— Ça ne sera pas de trop pour rattraper ton retard.

— Putain ! Fais chier, merde ! crie-t-il en balançant son livre sur son lit. Alors tu vois, je suis gentil, j'ai mis le couvert et tout, une bougie, je voulais te faire plaisir, et toi, qu'est-ce que tu m'annonces ? Tu demandes à cette meuf de venir quatre heures par semaine ! Nan, mais t'es pas sérieuse, là ?

— Elle a l'air très sympathique. Elle s'appelle Léane, elle a 21 ans, elle étudie le droit à la Sorbonne...

— Pfff, c'est une naze. Je l'ai déjà croisée plusieurs fois. Elle m'a mal regardé. Et elle a un look trop chelou !

— Son look, on s'en fout. Elle ne vient pas pour te donner des cours de mode.

— Pfff !

— Je te préviens, tu as intérêt à être aimable et poli avec elle. Elle passe demain à 18 heures.

Je sors de la chambre pour couper court aux récriminations d'Alban. Il me saoule ! Pendant ce temps, bien sûr, Xavier est toujours confortablement installé dans le canapé. Bon... je dois préparer le repas. Dans le frigo, je trouve de la viande de bœuf hachée. Je la mélange avec une boîte de sauce tomate avant d'en garnir des cannellonis et de les disposer dans un plat carré. Je verse par-dessus une brique de sauce béchamel toute prête, et hop ! au four. Ce soir, ils mangeront de la gomme de xanthane et du colorant E150. Tant pis pour eux.

Plus tard, alors que je suis couchée dans mon lit, lumière éteinte, mes pensées s'envolent vers Stefano et notre conversation. C'est la première fois qu'il me consacre un peu de temps. Est-ce que c'est dû à ma fraîche nomination de préposée aux enveloppes ? À moins que ça ne soit un effet de la *pole dance* ? Non, c'est impossible. Aucune chance qu'il s'intéresse à une femme comme moi. Mais ce n'est pas grave, je me laisse aller à fantasmer et j'imagine des occasions toutes plus romantiques les unes que les autres qui pourraient nous pousser dans les bras l'un de l'autre, avant de revenir plus prosaïquement à la décision que j'ai prise plus tôt dans ma voiture : accepter la proposition de Delamare qu'à l'unique condition que mes heures supplémentaires soient payées. Tout à coup, j'hésite. C'est stupide. Je risque de me priver d'un profit facile. Je ne tergiverse pas longtemps. J'irai chercher ces enveloppes parce que j'ai besoin d'argent pour payer les cours d'Alban. Et rien ne m'empêche de demander le paiement de mes heures au patron.

Tiens... depuis combien de temps Xavier effleure-t-il ma cuisse ? Je tourne subitement la tête vers lui. Il me regarde dans les yeux en souriant. Merde ! Il ne manquait plus que ça. Je n'ai pas du tout envie de lui. Je n'arrive pas à le voir autrement que comme un raté, un lâche, un homme en survêt informe qui traîne H24 devant la télé avec sa cigarette au coin du bec. Lentement, je lui tourne le dos.

— Je suis fatiguée…

Il comprend aussitôt et retire sa main. Heureusement qu'il n'a pas insisté, car j'aurais été capable de prononcer des paroles très méchantes, comme « Je travaille, moi », ou « Désolée, je suis en activité », qui lui auraient vraiment mis le nez dans son caca. Il ne le sait pas encore mais pour notre couple, c'est déjà trop tard. Je ne vois pas ce qu'il pourrait faire qui me rattacherait à lui. Mon refus ne semble pas lui poser de problème insoluble car à peine cinq minutes plus tard, il ronfle comme un pourceau.

18

J'ai pris mon vendredi. C'est une grande première. Virginie a gagné un massage dans un salon de beauté et a souhaité me l'offrir. L'institut Blot est situé non loin de la place de l'Alma. C'est un établissement de luxe au sein duquel je suis en train de boire à petites lampées un très bon café, confortablement installée dans un fauteuil moelleux. La décoration est raffinée. Les camaïeux de blanc et de crème invitent à la détente. Je soupire d'aise. Ce moment va être formidable, d'autant plus que je retrouve Virginie après. Elle vient voir sa grand-tante à Paris. Comme elle n'a pas envie de dormir chez elle, elle m'a proposé que nous passions la nuit à l'hôtel, me faisant remarquer qu'il serait stupide de perdre les effets relaxants de mes soins en me tapant presque deux heures de transports en commun pour rentrer chez moi. J'ai accepté. Lorsque j'ai annoncé cela à Xavier, il a eu un air très malheureux mais n'a pas protesté. C'est à se demander s'il en a quelque chose à faire de moi. Enfin, je ne vais pas me plaindre puisque mon escapade n'a pas déclenché de scène de ménage.

— Madame Chaumont ?

Une très jolie jeune femme blonde se tient devant moi. Elle porte la même tenue que les autres employées, un pantalon noir à pinces, des chaussures plates et un chemisier crème.

— Oui…

— Je m'appelle Marion. C'est moi qui vais m'occuper de vous aujourd'hui, dit-elle dans un sourire. Je crois que c'est la première fois que vous venez nous voir ?

— Oui…

— Bienvenue. Vous avez bien fait de choisir notre établissement. Vous allez passer un bon moment.

Deux heures plus tard, je me rhabille l'esprit totalement vide et le corps aussi mou que de la guimauve. Je me demande même comment je tiens debout. Quel délice, ce massage ! Marion a un pouvoir magique. Entre ses doigts, tous mes soucis, toutes mes contrariétés se sont évaporés. Je la remercie chaleureusement avant de partir en lui offrant un bon pourboire. Dehors, il fait nuit et froid. J'ai rendez-vous avec Virginie dans un restaurant italien près de notre hôtel, du côté de la Bastille. Autrement dit, pas à côté. J'hésite à prendre un taxi ou un VTC. La circulation est dense, ça risque de me coûter un bras mais tant pis, je me sens trop zen pour affronter le métro. Je hèle un véhicule qui passe devant moi. Assise à l'arrière, j'admire les lumières de la ville. C'est beau Paris, la nuit. On voit moins la saleté. Les travaux et les multiples chantiers sont eux aussi engloutis par l'obscurité. Quand je pense que j'ai habité cette ville plusieurs années et que maintenant j'habite à Theuville ! Mais que s'est-il passé, bon sang ?

Lorsque je pénètre dans le restaurant, Virginie est déjà là. Elle me fait un grand signe de la main d'un air excité. Nos retrouvailles sont assez bruyantes, attirant l'attention de plusieurs personnes. Ce n'est que lorsque nous nous détachons l'une de l'autre que je m'aperçois qu'une petite boule de poils couleur miel est accrochée à mon tibia et jappe, debout sur ses pattes arrière.

— Oh ! Elle est si mignonne ! je m'exclame en me courbant pour caresser l'animal.

— N'est-ce pas ? J'en suis complètement gaga !

— Ça ne m'étonne pas !

Nous nous asseyons, et Virginie ordonne à sa chienne de rester tranquille.

— C'est très difficile quand on voit sa bouille, mais je dois me montrer ferme si je veux qu'elle soit bien éduquée.

Je penche la tête vers Gloria. Ses adorables yeux de chiot sont posés sur moi. Elle bat des cils d'un air de dire : « Prends-moi sur tes genoux. » J'admets que ça doit être super dur. Elle gigote un moment, avant de finir par s'endormir sur une petite serviette de toilette que Virginie a étalée sur le sol. Nous passons commande auprès du serveur. Pâtes et vin rouge, on va se régaler.

— Bon, lance Virginie d'un ton décidé, je crois qu'on a pas mal de choses à se dire. Il faut absolument qu'on parle de ta situation. Je te raconte d'abord les derniers potins me concernant, tu vas voir comme c'est passionnant, et nous évoquerons ton cas à l'hôtel, loin des oreilles indiscrètes. Tu es d'accord ?

J'acquiesce. Le repas se déroule à une allure vertigineuse. Virginie a toujours une façon très drôle de raconter les choses, même les plus insignifiantes. Je l'admire d'arriver à colorer sa vie de cette façon. Pourtant, alors que le dîner touche à sa fin, sa mine réjouie se renfrogne.

— Dans le cercle d'amis ou pseudo-amis dans lequel on évolue, Nicolas et moi, je suis la seule femme à ne pas travailler. Lorsqu'on se retrouve, je me sens mise à l'écart. Les autres épouses évoquent leurs responsabilités, leurs emplois du temps surchargés, leurs déplacements à l'étranger... et moi, je n'ai rien à dire. Je me sens conne. Tant que je m'occupais des jumelles, ça allait. Mais maintenant... J'ai l'impression de ne servir à rien, de mener une vie futile. Ce n'est pas que je m'ennuie, non, en fait, je suis très occupée, mais toutes ces femmes me rabaissent. Je ne crois pas qu'elles le font exprès, encore que... Quoi qu'il en soit, ça me blesse. Je ressens comme une sorte de pression à dépendre de mon mari. Nicolas me dit de m'en foutre, que ces femmes ne s'éclatent pas tant qu'elles veulent bien le faire croire, mais j'ai du mal à passer outre...

Et moi qui pensais que la vie de Virginie était idyllique ! En fait, on n'est jamais content de ce qu'on a. Juste au moment où le serveur nous demande si nous souhaitons voir la carte des desserts, Gloria s'agite de nouveau.

— Je crois qu'elle a envie de faire pipi, me dit Virginie. Ça t'ennuie si on zappe le dessert ?

Je lui réponds que j'ai assez mangé et qu'on peut partir. Virginie insiste pour régler l'addition, et nous sortons. À peine dehors, Gloria se répand généreusement sur le trottoir. Virginie la félicite et lui donne une petite croquette. Nous rejoignons l'hôtel à pied. La chambre n'est pas très spacieuse mais joliment décorée dans des tons jaunes et bruns. Je n'ai qu'un petit sac contenant un pyjama, une culotte et un soutien-gorge propres, ainsi que quelques affaires de toilette. Je n'ai pas besoin d'avoir davantage, je ne suis absente qu'une nuit. Lorsque, enfin, Gloria s'endort sur l'épaisse moquette et que nous nous retrouvons toutes les deux bien au chaud entre les draps du lit *king size*, nous avons un court moment d'exaltation.

— Hiiii ! s'écrie Virginie. C'est trop bien ! On fait un bond dans le passé, là !

— Oui, je rétorque joyeusement, on est revenues, quoi… au moins vingt ans en arrière ?

— Même un peu plus ! La vache, ça ne nous rajeunit pas !

— C'est clair !

— Qu'est-ce qu'on a accompli pendant toutes ces années ? Je me suis mariée. Toi aussi…

— Ah, non, je ne suis pas mariée avec Xavier !

— C'est tout comme.

— Ben non, quand même…

— Bon, on va dire qu'on est toutes les deux en couple. Et qu'on a toutes les deux fait des enfants. C'est pas rien.

— Mouais.

— T'as pas l'air convaincue.

— Non. Ma vie perso est ordinaire, quand elle n'est pas merdique. J'adore Alban, bien sûr, mais comme toutes les mères aiment leurs enfants. Rien d'exceptionnel à cela. Quant à mon couple… on repassera.

— Rhooh ! Pourtant, rappelle-toi comme tu étais amoureuse de Xavier au début. Tu t'en souviens ?

— Je n'ai pas envie de me souvenir de ce sentiment-là. Je ne comprends pas comment j'ai pu tomber amoureuse de lui. Cela me paraît très loin. Xavier était un autre homme, il a mal vieilli.

— T'es dure.

— Non, je ne pense pas. Crois-moi, si Nicolas passait tout son temps avachi sur votre canapé à mater non-stop la télé, je pense que ton regard sur lui changerait. Ton mari, c'est un battant, il a la niaque, il est ambitieux, brillant. En plus, il fait en sorte que tu ne manques de rien, que ta vie soit confortable. Ce n'est pas difficile pour toi de l'aimer. Moi, c'est une autre histoire…

— Oui, c'est vrai que j'ai de la chance…

— Je ne crois pas que ce soit de la chance. Tu as simplement fait un meilleur choix que le mien. Tu as été plus clairvoyante. Tu as été capable de lire l'avenir, de voir qui serait Nicolas dans vingt ans. Pas moi.

— Tu ne prends pas en compte les aléas de la vie. Si le resto où bossait Xavier n'avait pas fait faillite, il ne serait pas au chômage. Il faut que tu te sortes de ce marasme ! s'exclame Virginie en repoussant les draps d'un seul coup. On va s'ouvrir les petites bouteilles de champ qui sont dans le frigo, ça va te détendre !

— Et on trinque à quoi ?

— À ton changement de vie ! On va faire un point et dresser un plan d'attaque pour te sortir de là.

Je souris. Je reconnais bien là Virginie et sa façon de toujours prendre les choses à bras-le-corps.

19

Les bouteilles vides gisent sur les chevets. Adossée contre la tête de lit, le bas du corps sous la couette, je ne me contente pas de lister calmement ce qui ne va pas. Je parle très vite, sans m'arrêter. Les mots jaillissent de ma bouche comme une eau impétueuse qui ne pourrait plus être contenue et qui, en s'échappant, assécherait mon palais et ma gorge. Assise à côté de moi, Virginie essaye de pondérer mes paroles.

— Attends ! Attends ! Il faut traiter les problèmes point par point. Si je récapitule, tu ne peux plus supporter Xavier, tu en as marre de ton boulot, des transports en commun, tu veux déménager...

— Oui, je veux changer de vie. Je n'en peux plus, dis-je, les yeux brillants de larmes.

— Oh, ma pauvre chérie, dit Virginie en me prenant dans ses bras.

Je ne peux me retenir et j'éclate en sanglots. Bizarrement, alors que nous sommes seules dans cette chambre d'hôtel, je me demande ce que pourraient penser les gens s'ils nous voyaient. Ils nous prendraient sûrement pour un vieux couple de lesbiennes en train de se réconcilier après une dispute, l'une beaucoup plus pimpante que l'autre. Au bout d'un moment, Virginie murmure doucement :

— Visiblement, tu es en pleine crise de la quarantaine...

— Que veux-tu dire ?

— Ben, tu veux tout changer. Balancer ton mari, ton job... tout. Tu es au milieu de ta vie. Sans t'en rendre compte, tu as dû faire un point et peut-être as-tu pris conscience que tu ne souhaites pas vivre les années qu'il te reste de la même façon que ce que tu as déjà vécu. Je crois que c'est un processus plus ou moins normal dans la mesure où tu ne tombes pas dans la dépression. Ce qui est certain, c'est que ça te fait du bien de parler.

— Oui... Je n'en ai pas si souvent l'occasion, je réponds en reniflant.

Virginie me tend un mouchoir en papier. Elle sait qu'elle est ma seule amie. Je ne m'en suis jamais cachée. Je me mouche.

— Tu sais bien que tu peux m'appeler quand tu veux.

— Je sais. Mais tu es très occupée avec tes multiples activités, et moi, au boulot, je n'ai pas le temps. Et puis, le soir, tu es avec Nicolas, et je n'ai pas envie de vous déranger. *Idem* le week-end.

— Ce n'est pas bon de garder tous tes problèmes pour toi, c'est important d'évacuer. Pourquoi tu ne confies pas tout ça à un journal ?

— Un journal ?

— Oui, tu pourrais écrire ce qui ne va pas. Ça te soulagerait. J'ai une copine qui fait ça, c'est comme une thérapie. Ça lui fait un bien fou !

L'idée de Virginie me paraît saugrenue. Je ne trouverai jamais le temps d'écrire et je doute fortement de l'efficacité de cette méthode. Je me contente de hausser les épaules. Virginie insiste.

— Ça te permettrait d'y voir plus clair, je t'assure.

— Je peux me confier à mon avatar, dis-je d'un ton plein de mystère.

— Ton avatar ? De quoi parles-tu ?

Je lui raconte le séminaire dans le moindre détail et la situation dans laquelle je me suis trouvée, comment j'ai été contrainte d'emporter mon avatar.

— Il est toujours dans ma voiture. L'autre soir, je lui ai parlé. J'étais emmerdée avec un truc que mon patron m'avait demandé et j'ai tout raconté à mon avatar. En fait, c'est dingue de dire ça, mais j'ai parlé à voix haute toute seule dans ma bagnole.

— Et ça t'a fait du bien ?

— Hum... oui, je crois. En tout cas, tout était plus clair dans ma tête après.

— Ben voilà ! C'est ça le plus important. On s'en fiche de ce qui est bien ou pas. L'essentiel, c'est que ça te fasse du bien.

— Ouais, enfin, je vais pas pouvoir laisser cet épouvantail dans ma voiture. Il prend la place d'un passager.

— Pourquoi pas ? S'il te permet d'aller mieux. Tu devrais le garder et même lui donner un nom.

— Pfff ! T'es folle, dis-je en rigolant.

— Ce truc te ressemble, alors ?

— Plus ou moins. Cette marionnette fait propre sur elle, elle dégage une impression de calme et aspire au respect. Elle me ressemble sans me ressembler. Ou plutôt, elle ne me ressemble plus. J'ai l'impression que je ne suis plus la même depuis le séminaire. Je me sens plus libre. Plus forte aussi. Plus à même d'accomplir des choses que je ne me serais jamais permis de faire avant. La dispute avec Xavier a sans doute été un électrochoc, ou alors d'avoir compris l'image que j'offre de moi-même.

— C'est génial, ça ! C'est le début du changement. Merci, l'avatar !

— Mouais.

— Alors, comment on va l'appeler ?

— Elle a une tête de Jacqueline. J'en ai connu plusieurs, des Jacqueline qui gravitaient dans l'entourage de mes parents. Elles étaient toutes pareilles : généreuses, gentilles, serviables, à l'écoute. Elles ne jugeaient pas, avaient toujours un air affable, buvaient leur thé à petites gorgées en ponctuant leur conversation de courts silences tout en souriant.

— Va pour Jacqueline ! C'est elle ta thérapie ! Et c'est quoi le truc que t'a demandé ton patron ?

Je lui raconte l'entretien avec Delamare et lui parle des enveloppes.

— Tu ferais quoi à ma place ? je demande.

— Je n'hésiterais pas. Faut prendre l'argent là où il se trouve, et, là, c'est de l'argent facile. Tu en as parlé à Xavier ?

— Non. Je ne peux pas car il est une partie du problème.

— Et au lit ?

— Quoi ?

— Eh bien, sexuellement, comment ça se passe entre vous ?

J'étouffe un petit rire amer.

— Il n'y a plus rien. Nous ne faisons plus l'amour.

— Plus du tout ? s'exclame Virginie.

— Non, plus du tout. Je ne sais plus quand c'était la dernière fois.

— Alors là, ça va effectivement très mal, ajoute Virginie, contrite.

Je lui retourne la question. Elle me répond que même si ce n'est plus comme au début, Nicolas et elle font tout pour réveiller leur libido. Ils se donnent régulièrement rendez-vous à l'extérieur de chez eux. Sortir de leur routine pimente leur sexualité.

— Mais ça ne te manque pas ? insiste-t-elle.

— Non, pas du tout. Je n'ai plus envie de lui.

— Aïe ! Tu as envie de quelqu'un d'autre ?

— Non. Enfin... non.

— Han, tu as hésité !

— Non, non, je n'ai pas hésité.

— Tu me prends pour une bleue ? Tu penses à quelqu'un ! Vas-y ! T'es obligée de me raconter.

Je lui parle de Stefano, de son allure folle, de son léger changement d'attitude à mon égard depuis le séminaire. Tout ce que Virginie trouve alors à me dire, c'est de foncer.

— Quoi, foncer ?

— Tape-le-toi !

— Pfff ! T'es folle.

— Non, pourquoi ? Ça ne pourra te faire que du bien ! Je trouve ça hyperrassurant que tu fantasmes sur ce mec.

Sinon, je pourrais croire que tu es morte de l'intérieur. Tu n'as plus d'intérêt pour rien, tout te fait suer. C'est pas une vie ! Alors si ce mec peut te redonner un peu le goût à quelque chose, il ne faut pas laisser passer cette occase. Dans un premier temps, il pourrait t'amener à te sentir femme à part entière. Ça va te donner un nouvel entrain.

— Tu m'incites à tromper mon mec, je constate, amusée.

— Ben, oui, si c'est pour ton bien.

— Je ne suis pas assez bien pour lui.

— Alors là, je t'interdis de te diminuer comme ça ! Qu'est-ce que t'en sais, d'abord ? Essaye, fais-toi jolie. C'est sûr qu'avec tes fringues informes, ça va être compliqué. Tu as un joli corps, mets-le en valeur. Maquille-toi un peu plus, mets des bijoux, souris, et tu vas voir qu'il va te regarder autrement que comme une petite secrétaire transparente.

Les trois adjectifs scotchés sur mon avatar me viennent à l'esprit et me plombent le moral d'un coup.

— Hé, ça va ? demande Virginie, alarmée par mon silence. (Elle pose sa main sur mon avant-bras.) Je ne t'ai pas blessée au moins ?

— Non. Je réfléchis.

— À quoi ?

— À l'image que je donne de moi-même. Il est vrai que je dois faire des efforts si je veux la changer.

— Si tu veux séduire cet apollon, c'est certain.

— Pas seulement pour ça. Si je veux changer de boulot et de vie, je crois que c'est nécessaire aussi.

— Nicolas est sur une piste pour toi. Un de ses copains assureur va peut-être avoir bientôt besoin d'une assistante. Il est à Antibes. Ça serait génial, non ?

— Ouais...

— T'as pas l'air convaincue !

— Non. En réalité, je n'ai plus envie d'être assistante.

— Ah bon ? Mais qu'est-ce que tu voudrais faire ?

— Tu vas me prendre pour une folle.

— Pas du tout, dis-moi.

Je lui parle de mon rêve de créer ma propre marque d'accessoires et de bijoux, d'ouvrir une boutique dans une petite ville de Provence, de vivre au rythme du chant des cigales.

— C'est génial ! s'exclame-t-elle. Et je vais te dire, je n'ai jamais compris pourquoi tu n'as pas dès le départ choisi cette voie. Tu étais tellement douée de tes mains ! Mais pourquoi tu ne m'en as pas parlé avant ?

— En fait, ça fait peu de temps que j'ose me le formuler à moi-même. J'ai choisi une voie plus rapide où je pouvais trouver rapidement un boulot et parce que mon idée me semblait à l'époque irréalisable.

— Mais enfin, pourquoi ? Tu m'énerves à être défaitiste tout le temps et pour tout ! Si tu n'essayes pas, comment tu peux savoir à l'avance que ça ne peut pas marcher ?

— Des créatrices de bijoux, il y en a des milliers. Il faut développer un vrai projet, et je n'ai pas un radis.

— Personne ne te parle de te lancer là-dedans tête baissée, avec une boutique qui a pignon sur rue. Il faut d'abord que tu commences petit, en vendant tes créations sur

Internet. Comme ça, tu n'auras pas de frais de lancement. Tu peux créer un joli site sans que ça te coûte un euro. Vendre en ligne te permettrait de tester ce qui marche ou non. Tu dois te constituer un stock de marchandises, ensuite, te développer sur les réseaux sociaux... Si tu fais déjà tout ça, ça va te changer les idées. Tu auras un projet. Le soir, plutôt que de te morfondre devant ta télé à côté de ton bonhomme, tu dessineras tes bijoux avec un objectif à atteindre. C'est top !

Chassez le naturel, il revient au galop. Virginie a toujours été passionnée par le marketing. Elle dépose un baiser appuyé sur ma joue.

— Hé, calme-toi, dis-je en souriant. Je n'ai pas encore pris de décision.

— Ouais, mais tu vas le faire !

— ...

— Hein ? Tu dois te reprendre en main ! Tu dis que Xavier n'est plus l'homme que tu as connu, mais pour être très franche, tu n'es plus la Claire que j'ai connue non plus. Il faut te bouger le cul, ma chérie ! Ta vie t'a fanée.

Ce qu'elle me dit me fout les boules, même si, au fond de moi, je sais qu'elle a raison. Ce n'est pas facile de se regarder dans une glace et de se voir tel que l'on est vraiment.

— Je crois que je commence à me reprendre en main. Tiens, par exemple, le massage aujourd'hui, le fait d'être là avec toi ce soir...

— C'est très bien, mais moi, je te demande si tu vas t'y mettre vraiment.

Je prends une grande inspiration et laisse passer plusieurs secondes, le temps de bien intégrer tout ce que cela implique.

— Oui. Il le faut. Je ne peux pas continuer à vivre aussi mal.

20

Il m'aura fallu une semaine entière pour rattraper le travail accumulé en mon absence. J'ai attaqué ce lundi avec la ferme intention de partir à une heure décente. Les jours derniers, je n'ai pas pu rentrer avant 21 heures à la maison. À chaque fois, Alban et Xavier avaient déjà dîné. Une portion du repas m'attendait dans le micro-ondes. Je vois bien que Xavier fait des efforts considérables. Il vide ses cendriers, aère le salon, lave ses vêtements, refait le lit… Le week-end dernier, il m'a proposé d'aller au cinéma. Ce n'était pas arrivé depuis au moins deux ans. Malheureusement, tout cela arrive trop tard. Je ne pourrai plus changer le regard que je pose sur lui.

Bon, il est 19 h 10. Il me reste un dossier à classer, et je pourrai partir. Je n'ai pas encore réussi à parler à Delamare de mes heures supplémentaires. Et là, il est enfermé dans son bureau et il m'est impossible de le déranger. Stefano est encore là lui aussi. En général, je le croise peu car il passe la plupart de son temps en rendez-vous à l'extérieur. Il vient à l'entreprise le soir, souvent après 19 h 30. Le matin, lorsque j'arrive, je trouve une note manuscrite posée près de mon PC, mentionnant les dossiers à constituer, les e-mails et courriers à envoyer, les devis à établir. Mais la semaine dernière, compte tenu de mes horaires tardifs, j'ai eu plusieurs fois l'occasion de le voir. Il s'est montré charmant. Son comportement à mon égard a changé, même s'il ne cherche pas à me séduire. J'ai l'impression qu'il me respecte davantage. Il m'appelle par mon prénom, me demande de mes nouvelles.

Bon, cette fois, j'ai fini. J'éteins les lumières et me voilà partie. La nuit est noire et humide. Vivement que les jours rallongent. Pour une fois, je ne m'endors pas dans le RER. Depuis le massage et la soirée avec Virginie, je me sens un peu moins fatiguée. C'est fou comme ça m'a fait du bien de prendre du temps pour moi. Qui aurait cru que cette journée *off* allait atténuer la fatigue persistante que je trimbale depuis des mois ?

Lorsque je retrouve mon véhicule, je sursaute en voyant mon avatar. C'est vrai qu'il est là ! Je l'oublie tout le temps.

— Salut, Jacqueline ! dis-je en montant dans la voiture. Je suis désolée, mais nos chemins bifurquent ce soir.

Je ne peux pas rester avec cette marionnette dans la voiture, il faut que je m'en débarrasse. J'imagine déjà ce que va me dire Virginie : « Mais pourquoi t'as fait ça ? Jacqueline, ta thérapeute ! » La semaine dernière, en rentrant à la maison, des travaux sur la voie m'ont amenée à emprunter une déviation. J'ai repéré un endroit où je vais pouvoir la balancer. Sur un parking, entre deux immeubles miteux, un espace est réservé aux encombrants (à moins que ce ne soit une décharge illicite ?). En tout cas, il y avait une vieille télé, un canapé, des meubles de cuisine...

Je mets le contact.

— Tu comprends, il ne faut pas m'en vouloir. Je ne peux pas te garder indéfiniment. Tu prends beaucoup trop de place. Pfff, je suis ridicule !

Je roule une dizaine de minutes. Lorsque je parviens à l'endroit en question, je m'aperçois que le canapé est toujours là, et les meubles de cuisine aussi. Un vieux bac à linge sale et un portemanteau ont été rajoutés à l'amas d'objets hétéroclites. Le lieu est sordide. Il ne faut pas que je m'attarde si je ne veux pas me faire agresser. Je m'arrête devant les encombrants, feux de détresse allumés. Finalement, je décide de les éteindre. Mieux vaut éviter de se faire remarquer, d'autant plus que je ne suis pas du tout certaine d'avoir le droit de jeter des ordures ici.

J'hésite à descendre. Ce n'est pas du tout écologique ce que je m'apprête à faire. Il faudrait que Jacqueline soit recyclée. Quelle galère ! Sa tête est en papier mâché, ses habits en tissu, ses pieds en béton, ses mains en plastique et en laine. Il faut que je prenne vite une décision car je ne peux pas rester trois heures ici, c'est trop glauque et surtout trop dangereux. J'ai déjà attiré l'attention de trois types, probablement des dealers, qui font le pied de grue devant l'entrée de l'un des immeubles. Je sens que si je m'éternise, ils ne vont pas tarder à venir voir ce que je fais ou à me proposer une drogue quelconque.

— Bon, Jacqueline, on se sépare ici ! Tu seras recyclée au même titre que ces meubles.

Je descends et fais le tour de ma voiture d'un pas rapide. J'ouvre la portière côté passager. Je sens trois paires d'yeux braquées dans ma direction. Vite ! Je détache la ceinture de sécurité et attrape Jacqueline sous les aisselles. L'effort qu'il me faut pour la soulever m'arrache un petit cri. Ses bottines raclent le sol alors que je la traîne à reculons jusqu'au vieux canapé. Je jette un œil en direction des trois dealers. Leurs corps sont tendus vers moi comme des arcs. Je suis désormais leur principal centre d'intérêt. Bandant fortement mes muscles, je parviens à balancer Jacqueline sur le canapé. On dirait vraiment une personne inanimée. Je remonte en courant dans ma voiture. Les trois types parlent entre eux sans quitter mon avatar des yeux. Il faut que je me tire d'ici le plus vite possible. Je desserre le frein à main, enclenche la marche arrière. À travers le pare-brise, je vois Jacqueline délaissée sur ces coussins crasseux. La pitié m'envahit. Elle ne mérite pas ça. Alors que j'entame mon demi-tour, je tente de me raisonner. C'est un objet sans vie, juste une chose sans âme. Je manœuvre difficilement, freinée par des nids-de-poule. Je pense au soir où, en pleurs, je me suis épanchée sur son épaule, appréciant sa capacité à écouter sans juger.

Bordel de merde !

Je ne peux pas la laisser là ! Certes, elle n'est qu'un objet, mais elle est tout de même une représentation de moi-même, fabriquée pour moi. Finir comme ça, c'est vraiment moche. Je me jette hors du véhicule et me précipite vers elle. Je l'arrache à son canapé pourri. Son poids me surprend encore une fois. Je l'agrippe de toutes mes forces et retourne à ma voiture en courant. Je me tords les chevilles. Le corps de Jacqueline ballotte comme un paquet mort contre le mien. Cette fois, je suis finie ! Un des dealers m'interpelle en faisant quelques pas dans ma direction. « Hep ! Oh, attends ! » Je ne sais pas trop au juste de quoi j'ai peur, mais je suis morte de trouille. J'ouvre ma portière arrière et jette le haut du corps à l'intérieur avant de soulever les cuisses et de pousser de toutes mes forces. Je claque la porte qui cogne contre ses genoux.

— Hé ! Toi ! Oh ! crie le revendeur en accélérant le pas.

Je remonte en trombe dans ma voiture alors que l'homme se met à courir. S'il me rattrape, je suis morte ! Je ne pense à rien d'autre. Je démarre dans un crissement de pneus. Dans mon rétroviseur, je vois le dealer s'approcher, jusqu'à toucher la carrosserie. Je tourne brutalement sur l'avenue et accélère à fond. Je grille un feu juste au moment où il passe au rouge. Je roule à plus de soixante-dix kilomètres-heure en pleine ville ! Il me faut un moment pour retrouver mon calme. Pour reprendre la route de la maison aussi. D'abord, je traverse des banlieues obscures avant de me décider à brancher Waze. Petit à petit, je retrouve mon souffle et mon cœur reprend un rythme normal. J'ai transpiré comme une dingue. Mais qu'est-ce qui m'a pris ? Je ne faisais rien de mal. Si le type était venu m'emmerder, j'aurais juste dit que je me débarrassais d'un encombrant. Ce n'est pas ce petit dealer qui aurait trouvé à redire, si ? Je suis stupide ! Lorsque, enfin, je me gare place 73, mes mains tremblent encore, mes jambes sont molles comme un chamallow. Je me retourne. Jacqueline est allongée sur la banquette arrière. Son bras gauche pend dans le vide, et ses jambes sont repliées dans une curieuse position. Je soupire.

— Bon, je vais te changer de place, parce que, là, t'as l'air vraiment mal.

Au prix de nouvelles contorsions, j'assieds Jacqueline là où elle était, sur le siège passager. Je réenclenche sa ceinture de sécurité.

— Tu vois un peu ce que tu m'as fait faire ? je murmure.

Je récupère mon sac à main. D'un seul coup, je me sens complètement épuisée. Je n'ai qu'une envie : prendre une douche et me coucher. Mais il va falloir que je prépare le repas. Qu'est-ce que j'en ai marre ! Lorsque la cabine s'immobilise au deuxième étage, quelque chose me semble tout de suite inhabituel, sans que je parvienne à savoir quoi. Je cherche mon trousseau de clés dans mon sac, et c'est au moment où je mets la main dessus que je réalise ce qui cloche : je n'entends pas les canaris de Mme Brunovitch ! Je m'immobilise. Non, il n'y a pas un seul gazouillis. Je colle mon oreille contre la porte. Pas un bruit. Seraient-ils morts ? Si c'est le cas, la pauvre Mme Brunovitch doit être effondrée. Je décide de sonner chez elle pour en avoir le cœur net. J'attends, mais personne ne vient ouvrir. J'essaye encore. Rien. Et aucun remue-ménage dans l'appartement. C'est très bizarre. Certes, Mme Brunovitch emmène toujours ses canaris avec elle en vacances, mais elle n'est jamais partie sans me prévenir, et surtout jamais en hiver ! Tous les ans, en juillet, elle loue une petite maison à Faro, au Portugal. Jamais elle ne part en février.

Cette question me turlupine encore lorsque je pénètre chez moi. Une bonne odeur de légumes cuits flotte jusqu'à mes narines. Xavier est dans la cuisine, il me sourit. Il est rasé de près et s'est fait couper les cheveux.

— J'ai préparé un pot-au-feu...

— Tu as vu Mme Brunovitch dernièrement ?

— Euh... non. Pourquoi ?

— Je crois qu'elle a disparu.

21

Le lendemain matin, à peine levée, je vais sonner chez Mme Brunovitch. Je guette en vain ses petits pas pressés derrière la porte, mais il n'y a rien à entendre. Ce calme est inquiétant. J'essaye de lui téléphoner, mais comme la veille, je tombe directement sur sa messagerie. Je reviens à l'appartement et j'avale mon petit déjeuner l'esprit ailleurs. Qu'a-t-il bien pu lui arriver ? Je l'imagine sans vie, étalée sur le sol, ses canaris gisant dans le fond de la cage, morts de chagrin. J'aurais dû lui demander un double de ses clés. Il faudrait toujours avoir les clés de ses voisins, au cas où précisément ils disparaîtraient de façon étrange.

Alban passe en courant devant la cuisine en tenant son pantalon de pyjama. Il répète « merde » en boucle.

— Qu'est-ce qui se passe ?

— J'ai pissé par le balcon et il y...

— Encore ? Je t'ai interdit de faire ça !

— Oui, mais c'était pressé, et papa est encore aux chiottes ! Mais, bordel, c'est pas ça le problème ! J'ai loupé mon coup et y a des flics en bas !

— Des flics ?

— Ouais, c'est la merde ! geint-il.

— Et tu leur as pissé dessus ?

— Ouais, je crois. Il y en a un qui a relevé la tête...

— Oh, c'est pas vrai, Alban ! Bon, reste là, on va voir s'ils viennent ici. Tu te montres que si je t'appelle !

Il me fait un signe d'approbation de la tête. Je n'ai pas longtemps à attendre. À peine deux minutes plus tard, la sonnerie de la porte d'entrée retentit. Je regarde par le judas. Trois gendarmes en uniforme et gilet pare-balles attendent que j'ouvre. Ce que je fais timidement. Je suis en peignoir et chaussée de pantoufles. Lorsque je vois leurs mines fermées, je comprends que je vais passer un sale quart d'heure.

— Bonjour. Vous êtes bien madame Chaumont ?

— Oui, c'est moi.

— Pouvons-nous entrer, s'il vous plaît ?

Ils se présentent poliment mais leur ton est ferme et n'invite pas à un éventuel refus.

— Euh... oui, dis-je en m'effaçant pour les laisser passer.

Ils avancent jusqu'au salon et, l'œil à l'affût, observent l'environnement. Ils sont assez imposants, surtout celui qui parle et qui a l'air d'être le chef. Il est roux jusqu'à la pointe des cils et sa barbe bien taillée ne parvient pas à viriliser son visage de poupon. D'un seul coup, je comprends qu'ils ne sont pas là pour sanctionner Alban mais pour Mme Brunovitch.

— Oh, mon Dieu ! dis-je en portant les mains à ma bouche. Ne me dites pas qu'il est arrivé quelque chose à Mme Brunovitch ?

Les trois hommes échangent un regard interrogatif.

— Mme Buroviche ? répète Barberousse.

— Brunovitch. Ma voisine. Elle a disparu…

— Nous ne sommes pas là pour votre voisine, madame. Vous êtes bien la propriétaire du véhicule immatriculé FS 227 KS ?

— Euh… oui. Je crois que c'est mon numéro d'immatriculation.

— On nous a signalé votre présence hier soir cité des Belles-Fleurs à Bonneville, entre 21 h 50 et 22 h 15.

Je pense immédiatement aux dealers. La vache ! Ils m'ont dénoncée pour avoir voulu jeter un encombrant à cet endroit ! Ils ne manquent pas d'air ! Xavier entre dans le salon à ce moment-là.

— Euh, bonjour… C'est pour Mme Brunovitch ?

— Non, je réponds nerveusement.

— C'était bien vous ? poursuit le gendarme.

— Oui.

— C'était bien vous quoi ? demande Xavier.

— Une personne prétend que vous auriez tenté de vous débarrasser du corps d'une femme avant de vous raviser et de le charger dans votre voiture.

— Quoi ? crie Xavier. Mais qu'est-ce que c'est que cette histoire ?

— Oh ! non ! je m'exclame en souriant. C'est pas une femme, c'est Jacqueline !

— Jacqueline ? répète Xavier. Mais c'est qui ?

— Je t'expliquerai plus tard.

— Monsieur, s'il vous plaît, merci de ne plus intervenir, dit le commandant autoritairement. Madame Chaumont, je vais vous demander de bien vouloir nous suivre à la gendarmerie.

— Oh, non, je vous en supplie. C'est une épouvantable méprise ! Je vais tout vous expliquer. Cette femme qu'on vous a décrite est un avatar. Ce n'est pas une vraie personne, c'est un épouvantail, si vous préférez... Il est à mon effigie. Je l'ai récupéré dans le cadre d'un séminaire professionnel qui a eu lieu il y a quelque temps. Je n'ai pas du tout cherché à me débarrasser d'un cadavre ! En fait, j'admets que j'ai tenté de le jeter... J'avais repéré cet endroit, je croyais qu'on pouvait y déposer les objets encombrants. Cette marionnette est... très volumineuse. Effectivement, je suppose que de loin, surtout la nuit, on peut la prendre pour une vraie personne...

— Pourquoi ne l'avez-vous pas jetée comme vous aviez prévu de faire ?

— Parce qu'elle m'a fait de la peine.

— De la peine ? Mais vous venez de dire qu'il s'agit d'un objet.

— Oui, oui, je sais. Mais quand même...

— Et où se trouve cette marionnette maintenant ? demande le gendarme le plus petit.

— Elle est toujours dans ma voiture. Si vous voulez, on descend ensemble. Je suis garée sur le parking, je pourrai vous la montrer.

Ils acquiescent. J'enfile à la hâte mon manteau par-dessus mon peignoir et la paire de baskets d'Alban qui traîne dans l'entrée. Elles sont beaucoup trop grandes pour moi, mais ce n'est pas grave. Je n'ai pas envie de les faire patienter en allant chercher mes chaussures dans l'armoire de la chambre.

Avant de claquer la porte, je croise le regard inquiet de Xavier. L'un des hommes emprunte les escaliers tandis que je m'engouffre avec les deux autres dans la cabine d'ascenseur. On est serrés. Je serre mon col en regardant nos pieds. Je prie pour que personne, dans la nuit, n'ait eu l'idée saugrenue de voler Jacqueline parce que si je n'ai rien à leur montrer, leurs soupçons vont se confirmer. Alors que nous nous dirigeons en silence vers la place 73, je distingue avec soulagement la silhouette de mon avatar. Jacqueline est bien là, fidèle au poste. Pour un peu, j'aurais envie de courir vers elle et de lui dire combien je suis heureuse de la voir. J'ouvre la portière côté passager.

— Voilà ! C'est elle ! C'est Jacqueline, dis-je, tout sourire.

Les regards des trois hommes se posent sur son visage presque semblable au mien, avant de revenir vers moi. Ce que je lis dans leurs yeux n'est plus de la suspicion mais de la compassion mêlée à une sorte de mépris. Ils me prennent pour une folle ! Le chef lui soulève un bras, touche sa tête.

— C'est bien fait, dit-il à ses collègues.

Ouf ! L'incident semble clos. Ils me signalent qu'il est interdit de jeter quoi que ce soit là où je m'apprêtais à le faire.

— Je ne le ferai plus. Dites-moi, ce sont les dealers qui m'ont… dénoncée ?

— Les dealers ? Quels dealers ?

— Ah, je ne sais pas, je croyais qu'il y avait des dealers…

Voyant qu'ils ne répondront pas à ma curiosité, je les remercie et leur présente mes excuses pour le dérangement. Je m'apprête à retourner vers mon immeuble lorsque le troisième gendarme, celui qui n'a pas prononcé un seul mot, me demande :

— C'est votre fils qui s'amuse à pisser par le balcon ?

— Pardon ?

— C'est bien celui de gauche au deuxième étage ? demande-t-il en pointant mon balcon du doigt.

— Oui.

— Bon, donc il y a un jeune qui s'amuse à pisser sur les gens. Est-ce que c'est votre fils ?

— Euh, je ne sais pas. Enfin, oui, j'habite bien ici avec mon mari et mon fils, mais je ne sais pas si c'est lui qui fait ça.

Comment ne pas mentir ? Quelle mère pourrait avouer qu'elle est au courant que son fils urine sur les gens et qu'elle n'arrive pas à y mettre un terme ?

— Ah, ben moi, je vous confirme que c'est bien lui. Alors vous allez lui dire d'arrêter ça tout de suite, sinon la prochaine fois, on verbalise. C'est clair ?

— Oui, très clair.

Je présente à nouveau mes excuses en balbutiant et remonte chez moi. Je suis déjà vidée et il n'est que 7 h 30 du matin.

22

Le lendemain, Delamare me convoque en début d'après-midi dans son bureau. Je dois aller chercher ma première enveloppe. Il me donne les dernières instructions.

— Bon, vous avez bien compris ce que vous avez à faire ?

— Oui.

— Ne soyez pas étonnée si on vous remet un dossier. En fait, l'enveloppe sera cachée à l'intérieur. Vous ramassez le dossier et vous rentrez *illico*.

— D'accord.

— J'ai un rendez-vous à l'extérieur, je ne serai pas là quand vous reviendrez. Donc, vous comptez le fric, vous prélevez vos deux cents euros et vous notez la différence sur le cahier avec la date et tout le reste... C'est bien clair ?

— Oui.

— Ah, oui ! Surtout, vous vous enfermez quand vous serez dans mon bureau. Je n'ai pas envie qu'un employé vous surprenne. Je vous ai fait faire un double de la clé. La voici..., me dit-il en la posant sur la bibliothèque. Inutile de vous préciser que c'est désormais votre bien le plus précieux. Ah, j'allais oublier... je change la combinaison du coffre tous les lundis matin. Je vous ai noté le code et les instructions sur ce papier.

En sortant du bureau, je croise Benoît et Cyril dans le couloir. Ce dernier me jette un regard salace. Alors qu'ils retournent à leurs bureaux respectifs, je l'entends dire : « Tu vois, elle cachait bien son jeu, cette salope. » Sa réflexion me laisse de marbre. Ce crétin peut bien croire ce qu'il veut, j'ai d'autres priorités. Je dois accomplir ma première mission sans aucun accroc si je veux que Delamare m'en confie d'autres. Le Post-it sur lequel il a griffonné l'adresse est encore plié dans ma main. Je sais que c'est dans le dix-septième arrondissement. J'enfile mon manteau, je ramasse mon sac et je me mets en route. Dans le métro, je déplie le papier. Les instructions sont simples et sommaires. Je dois récupérer le dossier avenue des Ternes, auprès d'un cabinet d'experts-géomètres.

L'entreprise en question est au premier étage. Le hall d'accueil est très luxueux. Un immense lustre en cristal projette des éclats de lumière dorée sur les moulures du plafond. Derrière son comptoir en marbre rouge, une hôtesse attend le chaland. Elle a l'air de s'ennuyer ferme. À tout hasard, je demande :

— Excusez-moi, est-ce que vous avez un dossier à l'intention de la société Nextlift ?

— Oui. On m'a dit que quelqu'un allait passer le prendre.

Elle me tend une chemise verte à rabat.

— Merci. Bonne journée.

— De même, répond-elle avec un sourire à peine esquissé.

Elle vient probablement de réaliser l'unique tâche de sa journée. La pauvre va devoir attendre pendant des heures le moment de rentrer chez elle. Le dossier n'est pas très épais. L'enveloppe ne doit pas l'être non plus. Je suis certaine que la personne en charge de cette transaction n'aurait pas pris le risque de confier une grosse enveloppe à la fille de l'accueil. À moins que ce ne soit pour éviter de compromettre le personnel, au cas où toutes ces combines viendraient à être dévoilées. Personne ne pourra me répondre. Je commande un Uber qui ne tarde pas à arriver. Le dossier serré contre mon abdomen, je donne l'adresse de Nextlift au chauffeur. Je suis contente de moi. Je me sens comme Nikita, l'héroïne de Besson, quand Tchéky Karyo lui confie sa première mission et qu'elle la réussit haut la main. Bon, pour ce qui me concerne, c'est un peu moins dangereux.

J'arrive chez Nextlift au moment du déjeuner. Tout le monde est sorti. Quelle chance ! Comment aurais-je pu justifier ma présence dans le bureau du patron sans qu'il s'y trouve lui-même ? Je m'enferme à clé et compose la combinaison à six chiffres. Mon cœur bat à tout rompre. Je suis en train de faire quelque chose de très illégal… mais avec l'accord de mon boss. Si un bataillon de flics déboule soudainement en hurlant de me mettre à terre les mains sur la tête, je pourrai toujours dire que j'exécute les ordres de mon patron parce que je ne veux pas perdre mon travail. Ce qui, après tout, est en partie vrai.

À première vue, j'ai l'impression qu'il y a plus de billets que dans mon souvenir, mais je n'en jurerais pas. J'ouvre la chemise. Au milieu d'un dossier technique reprenant les cotes d'une cage d'escalier, je trouve l'enveloppe. Elle est blanche et, contre toute attente, assez volumineuse. Je sors les billets et commence à compter. Je recompte plusieurs fois en employant différentes méthodes pour être certaine de ne pas faire d'erreur. Il y a quatre mille cinq cents euros. Je prélève deux cents euros en billets de cinquante (il n'y a pas plus petit) et je sors le cahier. Je le feuillette à la recherche de la dernière page et tombe sur le montant actuellement dans le coffre : cent quarante-six mille huit cents euros ! C'est du délire ! Je regarde les dernières transactions et reconnais l'écriture du patron. Il a ajouté plusieurs grosses sommes dernièrement, dont une le week-end dernier. « Stefano » est écrit entre parenthèses sur la même ligne. Je me demande combien il touche, lui, pour ramener les enveloppes. Certainement plus que deux cents euros. À moins qu'il ne prenne un pourcentage, vu que c'est lui qui négocie le dessous-de-table... Elle est belle, notre société ! Dans les colonnes adéquates, je note la date, la somme, les initiales de la personne qui a ajouté le liquide (il y a une autre colonne pour les débits), et le nouveau montant qui dépasse désormais les cent cinquante et un mille euros. Il y a également une colonne pour noter la provenance de l'argent. C'est codifié. « E » pour entreprise, « S » pour syndic, suivi des initiales de l'entreprise ou du syndic.

Je range les billets, referme le coffre, puis la porte de la bibliothèque derrière laquelle le coffre est caché. Je sors enfin du bureau et referme la porte à clé. Je sens mon cœur battre dans mes oreilles. L'envie de courir jusqu'à l'accueil me brûle les mollets. Lorsque je m'assieds derrière mon PC, je suis en eau et probablement écarlate. Mehdi arrive juste à ce moment-là, suivi par Ahmed quelques secondes plus tard.

— Ça va, Claire ?

— Ça va, merci.

Je me rends compte que je suis hors d'haleine. Ahmed hésite à aller plus loin et je peux lire la question que ses lèvres retiennent : « Tu es sûre que ça va ? Tu es rouge et tout essoufflée… » Mais il n'ose pas. Je le connais, je sais qu'il ne veut pas être indiscret, et en cet instant précis je bénis ses parents de lui avoir donné de si bonnes manières.

La journée reprend son cours normal. Il est déjà presque 17 heures et je croule sous les dossiers. Je n'ai pas eu le temps de déjeuner et mon ventre gargouille. Vers 18 h 30, n'y tenant plus, je cours à l'épicerie au bout de la rue pour m'acheter une barre chocolatée. Lorsque je reviens, Stefano est en train de se servir un café. Même de dos, son sex-appeal m'attire comme un aimant. Il se retourne.

— Je croyais que, pour une fois, tu partirais à une heure convenable…

— Non. Ça ne sera pas encore pour ce soir…

Il ramasse ses feuilles et s'approche de moi alors que je suis en train de retirer mon manteau.

— Ça s'est bien passé ? me demande-t-il discrètement.

— Euh… oui.

— Tu vas finir plus tard que d'habitude. Tu devrais davantage penser à toi, apprendre à te faire plaisir…

Je ne trouve rien à répondre. La sensualité de sa voix me trouble. On dirait une invitation à me couler dans ses bras pour sentir la chaleur de son souffle dans mon cou. Soraya traverse le hall d'entrée.

— Salut, à demain ! balance-t-elle en nous jetant un regard indifférent.

Nous lui répondons en chœur. Stefano me sourit.

— Promets-moi d'y songer !

— J'y songe déjà...

23

Mme Brunovitch a disparu depuis – je compte sur mes doigts en même temps que je me brosse les dents – quatre jours ! Tout du moins, ça fait quatre jours que je me suis rendu compte de son absence. Elle a peut-être disparu depuis bien plus longtemps. Cela commence à devenir très inquiétant. Demain, avant de faire les courses, j'irai à la gendarmerie pour signaler sa disparition et voir s'il y a moyen de faire quelque chose.

J'enfile mon pyjama. Il ne fait vraiment pas chaud, ce soir. Vivement le retour des beaux jours. Lorsque j'arrive dans la chambre, je constate que Xavier est déjà couché. Il ne dort pas, il lit. Je l'observe à la dérobée tandis que j'enduis mes mains de crème. Il est depuis un bon moment sur la même page, et ses pupilles n'ont pas l'air de courir sur les lignes. Je me déplace légèrement pour voir la couverture. C'est un livre à moi. Il me prend vraiment pour une débile. Ce n'est pas difficile de voir qu'il fait semblant de bouquiner et qu'en réalité il attend que je vienne me coucher. Oh, pitié ! J'espère qu'il ne va pas vouloir faire l'amour. Je n'en ai aucune envie. Depuis notre énorme dispute, il y a trois semaines, il a fait plusieurs tentatives d'approche mais il n'y a rien à faire, je n'ai plus de désir pour lui. Pourtant, il fait des efforts, je ne peux pas le nier. Le premier d'entre eux, et le plus important, c'est qu'il s'est remis à chercher activement du boulot. Il n'a pas encore décroché d'entretien, c'est sûr, les choses ne peuvent pas aller si vite. Trouver du boulot, c'est comme faire un régime. Les efforts ne sont pas récompensés tout de suite, il y a un temps d'inertie. Je me coule entre les draps. Xavier tourne la tête vers moi et me sourit.

— Il est bien, ton livre ? je demande le plus naturellement possible.

Intérieurement, je rigole.

— Euh... oui, très bien.

Je ne vais pas pousser la plaisanterie jusqu'à lui demander de me parler du sujet.

— Bon... bonne nuit...

— Oui... bonne nuit...

Je lui tourne complètement le dos pour éteindre la lumière de la lampe de chevet. Et pour être certaine qu'il a bien compris, je fais semblant de bâiller et ajoute :

— J'ai eu une journée éreintante ! Je suis complètement épuisée.

J'espère que ça va suffire car même si je ne le supporte plus et que j'ai envie de le quitter, je ne prends aucun plaisir à le repousser. Je reste quelques minutes dans l'expectative, jusqu'au moment où je perçois ses premiers ronflements. Me voilà tranquille. Je m'installe plus confortablement dans le lit. Je sens que je vais avoir du mal à trouver le sommeil. Tout à l'heure, j'ai eu Virginie au téléphone. Elle m'a demandé si j'avais avancé sur mon projet. Constatant que ce n'était pas le cas, elle m'a gentiment engueulée. Elle a eu raison. Certes, cela ne fait pas longtemps que nous en avons parlé, mais je peux rapidement être engloutie par le quotidien. Il faut absolument que je lutte contre ça. Ma vie ne peut pas se résumer à un mariage devenu bancal et un job sans intérêt. J'ai 42 ans, c'est le moment ou jamais que je bouge mes fesses.

Au boulot, j'ai l'impression que les choses changent. Depuis le séminaire, j'ai déjeuné deux fois avec mes collègues. Ce n'était pas si désagréable, même si le temps de travail perdu *versus* le plaisir retiré n'est pas à la hauteur. J'ai l'impression que les gens me respectent davantage, que je suis moins invisible. J'ai demandé à Pascale, la cheffe, si Prune pouvait me prêter main-forte. Elle a d'abord refusé, mais je lui ai fait remarquer vertement que Prune avait au départ été embauchée pour me seconder, et non pour venir en renfort pour le service comptabilité. Ça a étonné tout le monde que je ne me laisse pas faire, et j'ai finalement eu gain de cause. Et puis il y a désormais mes nouvelles fonctions de mule, qui ont engendré *de facto* un rapprochement avec Stefano. Enfin, j'ai pu demander à Delamare de me payer mes heures supplémentaires.

— Quelles heures supplémentaires ? m'a-t-il demandé.

— D'abord les heures effectuées pour rattraper le vendredi où j'étais absente.

— Vous aviez pris un jour de congé, ce n'est pas mon problème si vous n'avez pas pu vous organiser par la suite.

La prochaine fois, vous réfléchirez avant de poser un jour en dehors de la période estivale.

— Je ne rattraperai pas le retard, j'ai répondu, énervée. Et pour la charge de travail supplémentaire engendrée par l'absence de Valéria ? Et le fait de prendre sur mon temps de travail pour véhiculer vos enveloppes de liquide, ça aussi, ça me fait faire des heures sup.

— Valéria s'occupait de ces enveloppes mais ne m'a jamais demandé de lui payer des heures supplémentaires...

— Peut-être, mais elle était mieux payée que moi pour faire ce boulot !

Il y a eu un silence pendant lequel Delamare m'a observée comme s'il exhumait le démon qui sommeille en moi.

— Qui vous a dit ça ?

— Peu importe. Je le sais, c'est tout.

J'étais sidérée par mon propre culot.

— Bien... d'accord. Vos heures supplémentaires seront payées.

— Ah bon ?

Je n'en revenais pas ! Finalement, ça n'a pas été si compliqué d'obtenir ce que je voulais. Il suffisait d'un peu d'insistance et de fermeté.

— Merci, j'ai répondu en souriant. Merci beaucoup ! Comment voulez-vous qu'on procède ? Je les note et je les donne à la fin du mois à la compta ?

— Ouais, c'est ça. Faites donc comme ça.

— D'accord. Formidable. Merci.

Je m'apprêtais à sortir, lorsqu'il m'a interpellée.

— Claire ! Attendez !

J'ai fait volte-face. Je pensais qu'il allait revenir sur ce qu'il m'avait dit, mais pas du tout. Il m'a demandé si j'avais des problèmes personnels.

— Non. Pourquoi vous me demandez ça ?

— Poser un jour de congé en semaine, ça ne vous ressemble pas…

— C'est autorisé, j'ai rétorqué.

— Certes, mais vous voyez les soucis que cela pose ensuite ?

— Ne vous inquiétez pas, ça ne se reproduira pas trop souvent.

Lorsque je suis redescendue à l'accueil, Stefano était en train de batailler avec la photocopieuse. Je lui ai proposé mon aide.

— C'est gentil, Claire, mais je photocopie des documents perso.

— C'est sûrement un bourrage papier. Ça arrive tout le temps. Laisse-moi au moins remettre la machine en état de marche…

Il s'est écarté pour me laisser la place. J'ai éteint la machine et retiré le papier coincé dans le tambour, avant de la rallumer.

— Merci. On sent une grande habitude dans tes gestes, m'a-t-il dit doucement.

— Oui, hélas… La photocopieuse fonctionne mal.

— Je le signalerai à Denis. Elle doit être sous contrat d'entretien, on ne peut pas te laisser avec un matériel de merde. Avec tout ce que tu fais pour l'entreprise…

Je sais que j'ai rougi. J'étais incapable de gérer ce compliment qui pourtant n'était que la stricte vérité. Je me suis assise à mon poste et j'ai plongé le nez dans mes dossiers. Enfin, en apparence seulement. En réalité, j'observais Stefano qui continuait à faire ses photocopies en me tournant le dos. Je ne pouvais détacher mes yeux de ses larges omoplates, parfaitement moulées dans sa chemise taillée sur mesure. Il soulevait l'abattant de la machine, posait une feuille sur la vitre, fermait l'abattant, pressait le bouton de copie, attendait, se baissait pour récupérer sa copie. Des gestes anodins, des gestes de tous les jours, qui convoquaient dans mon esprit des visions impudiques. Je trouvais ces mouvements éminemment sensuels. Ils m'apparaissaient comme la promesse de moments enivrants et mémorables. J'imaginais ses mains parfaites enveloppant mes seins, son souffle dans mon cou, son pénis en moi. Le désir naissait dans mon ventre, et ça ne m'était pas arrivé depuis des mois. Et c'était lui, Stefano, qui était capable d'accomplir ce miracle… juste en faisant des photocopies ! Il éveillait en moi des choses enfouies depuis des lustres. Je n'osais envisager l'état dans lequel je m'abîmerais si d'aventure il m'invitait à aller boire un verre. Une chiffe molle, une poupée consentante et stupide, voilà ce que je serais. Les choses sont rentrées dans l'ordre ensuite. Il est allé travailler dans son bureau, et je me suis concentrée sur les e-mails à envoyer. Virginie a raison, une liaison avec lui me ferait le plus grand bien. Il faudrait que je trouve le moyen d'aller m'acheter une ou deux tenues qui changent un peu de ce que je porte d'habitude. Quoi qu'il en soit, dès lundi, j'attaque. Enfin, je ne vais pas me transformer en lionne affamée, mais juste essayer de faire en sorte qu'il s'intéresse un peu plus à moi si cela est possible…

La porte d'entrée claque violemment. Je sursaute. C'est sans doute Alban qui revient de sa soirée entre potes. C'est bizarre, il ne rentre jamais aussi tôt d'habitude ; il n'est même pas minuit. Il vaut mieux que j'en aie le cœur net. Je me lève. Quitter la douce chaleur du lit m'est pénible. Je le trouve dans la cuisine en train de siffler une canette de Coca Light. La lumière m'éblouit.

— Ça va ? je demande.

— Ouais.

— Mais… comment ça se fait que tu rentres si tôt ?

— Eh, tu vas pas te plaindre !

— Non, pas du tout, mon chéri. Je m'étonne, c'est tout… Ça s'est mal passé avec tes copains ?

— Nan.

— Ben, alors ?

— Y a Léane qui vient demain à 10 heures. J'ai pas envie d'avoir la tête dans le cul…

— Léane ?

— Ben, oui, tu sais, me balance-t-il d'un ton ironique, la fille que tu payes pour me donner des cours…

— Alban, je sais qui est Léane. Je suis juste surprise que…

— Que quoi ?

— Eh bien, que… que rien, c'est bien mon chéri, c'est très bien. Bonne nuit !

— Ouais, c'est ça, bonne nuit.

Je n'insiste pas davantage. Si je lui dis que je suis folle de joie à l'idée qu'il prenne enfin sa vie en main en décidant de se coucher tôt pour pouvoir travailler correctement son cours particulier, il y a un risque que la prochaine fois il me détrompe en rentrant à l'aube bourré comme un coing. Alban n'est pas un adulte. Il a encore cette tendance adolescente à vouloir systématiquement prendre le contrepied de ce que je dis.

Je me recouche toute guillerette. Il ne sentait même pas l'alcool... Si ça se trouve, il n'en a pas bu une goutte !

24

À la gendarmerie, le grand rouquin m'accueille par un laconique : « Encore vous ? » Il n'a pas l'air de me prendre très au sérieux. Il m'explique que tout le monde a le droit de disparaître.

— Puisque je vous dis qu'il est sûrement arrivé quelque chose à Mme Brunovitch. Peut-être qu'elle agonise dans son appartement !

Après de longues minutes d'insistance, il accepte de noter son nom et me conseille de me renseigner auprès des voisins. Dans la voiture, Jacqueline affiche un air stoïque face à cette situation alarmante.

— Qu'est-ce qui a pu arriver à Mme Brunovitch ? je lui demande sans attendre de réponse. Elle est peut-être morte asphyxiée. Sinon, pourquoi les canaris se seraient-ils tus ? Combien de temps des oiseaux peuvent-ils vivre sans manger ni boire ? Quelle angoisse ! Et personne n'a la clé de son appart dans l'immeuble. Je sais ce que je vais faire ! Je vais faire venir un serrurier. Je lui ferai croire que c'est chez moi et que je me suis enfermée dehors. Au moins, j'en aurai le cœur net !

En fin de compte, j'apprécie Jacqueline de plus en plus. Elle ne me contredit jamais et est toujours d'humeur égale. Au supermarché, je remplis le caddie en enquillant rapidement les rayons les uns après les autres, avant de rentrer à la maison pour préparer le déjeuner. Lorsque j'arrive, le couvert est déjà mis, et Xavier est en train de préparer des spaghettis à la carbonara, le plat préféré de notre fils.

— Alban va se régaler, dit-il tout sourire.

J'hésite à lui parler du serrurier. Il va sûrement me faire remarquer que c'est illégal (comme si je ne le savais pas !) et que ça va nous coûter la peau des fesses. Il aurait raison, mais je ne peux pas rester dans cette incertitude.

— Où est-il ?

— Dans sa chambre avec la prof.

— Elle est encore là ? Mais il est plus de midi ! Elle était censée ne lui donner qu'une heure de cours...

Xavier répond par un haussement d'épaules et un son ressemblant à un pet signifiant son ignorance. Je frappe à la porte d'Alban et pénètre dans sa chambre sans attendre de réponse. Je le trouve à son bureau, penché sur une copie tandis que Léane, assise sur le lit, lui dicte un texte en français. La scène est inattendue. Alban relève à peine la tête vers moi tandis que la jeune fille me regarde d'un air interrogatif. Elle a les cheveux longs blond platine, une frange bleu turquoise, le teint pâle et un piercing sous la lèvre inférieure qu'elle a fort boudeuse. Elle porte un pull noir, des collants noirs et une longue jupe rose en dentelles. J'ignorais qu'on pouvait trouver ce genre de vêtement dans le commerce. Elle achète probablement ses fringues dans les friperies.

— Tout se passe bien ? je demande.

— Han, han, me répond-elle en faisant un signe négatif de la tête. On part de très très loin, Alban fait au moins trois fautes par phrase. Ça va continuer à le pénaliser si on ne fait rien. Du coup, je lui ai expliqué quelques trucs mnémotechniques assez simples et là, je suis en train de vérifier s'il a bien compris.

— D'accord, mais...

— Ne vous inquiétez pas, je ne vous compterai qu'une heure.

— Non, non, ce n'est pas ça... Euh... on va bientôt manger, vous déjeunez avec nous ? Mon mari a préparé des spaghettis à la carbonara.

— OK, répond elle, avant de reprendre sa dictée à l'intention d'Alban.

— Bon, je vous laisse...

Je referme doucement la porte, complètement stupéfaite.

— Léane déjeune avec nous, dis-je à Xavier d'une voix de robot en sortant une assiette du placard.

— Ah, ben c'est cool, non ?

— Oui, oui. C'est juste que c'est...

— C'est quoi ?

— C'est surprenant. Alban ne m'a pas fait les gros yeux en signe de protestation lorsque j'ai proposé à Léane de rester.

— Peut-être qu'il la trouve sympa...

J'en doute. Quelques minutes plus tard, on s'installe tous ensemble à table. On est un peu serrés et je suis gênée vis-à-vis de Léane. Mais je finis par reprendre confiance. Après tout, elle aussi doit connaître cette promiscuité. Dans notre immeuble, tous les appartements ont la même superficie.

Une fois que tout le monde est servi, Xavier engage la conversation.

— Alors Léane, vous étudiez quoi ?

— Je suis en troisième année de droit. J'ai fait ce choix car j'hésite encore entre plusieurs métiers. Le droit, ça mène à tout, et ça me laisse un peu plus de temps pour réfléchir. J'hésite entre la politique et la justice.

— Et vous donnez beaucoup de cours ?

— Actuellement j'ai quatre élèves, mais je n'en prendrai pas davantage. Je ne donne pas des cours juste pour gagner de l'argent. J'aime obtenir des résultats. Voir un élève en perdition redresser la barre, je trouve cela extrêmement satisfaisant. J'ai la chance d'avoir toujours été bonne à l'école et d'apprendre facilement.

Je l'interromps.

— Je ne sais pas si c'est de la chance, je crois plutôt que c'est le résultat de votre travail…

— C'est une façon de voir les choses, mais ce n'est pas la mienne. Selon moi, avoir le goût du travail, une curiosité tenace qui vous pousse à apprendre toujours plus, c'est ça la vraie chance.

Je ne trouve rien à lui répondre.

— Et puis, poursuit-elle, à quoi on sert sur cette Terre si ce n'est pas pour transmettre ?

Xavier et moi échangeons un regard. Je vois qu'il cherche une réponse à sa question mais les mots ne franchissent pas ses lèvres.

— On ne sert à rien, ajoute Léane, péremptoire. C'est l'unique raison d'être de l'homme sur cette planète. Bon, bien sûr, l'entraide, ça compte aussi, c'est même primordial…

Elle nous explique qu'elle a créé avec d'autres jeunes du quartier un réseau d'entraide pour les personnes âgées dépendantes et que ce réseau a connu un tel succès qu'il s'est étendu à d'autres services. Elle est en contact avec des étudiants en école d'ingénieur pour créer une application qui fonctionnerait sur la base du troc. Elle nous parle de son projet en détail, des échanges de services qui fonctionneraient avec un système à point. Seule l'inscription à l'application serait payante. Nous l'écoutons avec attention. Son projet a l'air bien ficelé. Elle exprime ses convictions avec aisance. Je la vois tout à fait épouser une carrière politique. Alban, lui, ne pipe pas mot. Le nez dans son assiette, il termine ses pâtes avec application, et je remarque qu'il semble moins glouton que d'habitude. Est-ce qu'il voudrait lui donner bonne impression ?

Je détaille davantage Léane. Bon, son piercing me paraît bien laid, et sa frange turquoise n'est pas du meilleur goût, mais ses traits sont harmonieux. Elle a des yeux de biche et un nez joliment retroussé. Sa voix est douce et contraste avec son caractère affirmé. Je ne peux m'empêcher de songer qu'elle n'a que trois ans de plus qu'Alban, et pourtant, elle est tellement plus mature. Cela dit, trois ans, à cet âge, ça fait une différence. La conversation se poursuit sur les habitants de l'immeuble. Léane semble connaître tout le monde. Je saute sur l'occasion pour lui demander si elle connaît Mme Brunovitch. Elle réfléchit un instant.

— Est-ce que c'est la dame passionnée par les objets électroménagers ?

— Oui, c'est ça !

— Je ne la connais pas très bien. J'ai dû parler deux fois avec elle dans l'ascenseur, c'est tout.

J'explique à Léane pourquoi je suis inquiète à son sujet.

— J'ai l'intention de faire venir un serrurier cet après-midi pour voir ce qui se passe…

— Mais t'es folle ! s'exclame Xavier. Tu sais combien ça coûte ?

Je soupire. Xavier est tellement prévisible.

— Ce n'est pas légal, dit Léane.

— Je sais…

— D'un autre côté, je comprends votre inquiétude. Vous savez que M. Marsoul était serrurier avant d'être à la retraite ?

— M. Marsoul ?

— Vous ne le connaissez pas ? Il habite au dixième. Je vais le contacter. Il aura peut-être une solution à nous proposer.

Décidément, cette gamine est vraiment exceptionnelle.

— Bon, on y retourne ? demande-t-elle à Alban en souriant.

— OK.

— Vous ne voulez pas un dessert ? demande Xavier.

— Non, merci, c'est gentil, on a beaucoup de boulot. C'était très bon, en tout cas. Merci beaucoup.

Elle se lève, dépose son assiette, son verre et ses couverts dans le lave-vaisselle. Alban l'imite en silence. Ils vont dans la chambre et referment la porte derrière eux. Je suis complètement incrédule. Quel est le pouvoir de cette fille ? Serait-elle un ange descendu du ciel pour m'aider à remettre Alban dans le droit chemin ? À cette idée, mon cœur exulte, et pendant quelques secondes je vois l'avenir en rose.

25

Le lendemain matin, je suis réveillée par une odeur de pain grillé. Il est 9 heures. Je me lève et j'enfile mon peignoir. Dans la cuisine, le café est prêt et une jolie table a été dressée. Un bouquet de tulipes, mes fleurs préférées, a été déposé dans un vase. Merde, c'est la Saint-Valentin ! Xavier s'approche de moi, jovial. Il est habillé, ses cheveux sont coiffés en arrière, de la même façon dont j'aimais qu'il se coiffe avant. Il m'embrasse longuement sur la bouche et je retiens l'envie de le repousser. Je ne supporte plus l'odeur de son after-shave.

— Tu as bien dormi ?

— Oui, merci. Écoute... je suis désolée, je n'ai pas pensé...

Il se dépêche de m'interrompre.

— Rassure-toi, ça n'a aucune importance. Je t'ai aussi acheté de la confiture d'abricots. Ta préférée.

— Tu as été jusqu'au magasin bio ?

— Oui, hier.

— C'est gentil...

— Assieds-toi, je vais te servir.

— Ça va, je peux le faire moi-même.

— Non, non, j'y tiens, répond-il en écartant une chaise de la table pour que je puisse m'asseoir.

Il me sert du café dans le bol blanc à pois jaunes, le plus beau de tous nos bols. Il ajoute un demi-sucre, un nuage de lait et une pincée de chocolat en poudre. Pas de doute, il me connaît bien. Je l'observe ensuite beurrer mes deux tartines (le dimanche, j'en prends toujours deux). J'aime quand le beurre est bien étalé, qu'il ne fait pas de paquet. Xavier s'applique en grimaçant. Sa moue m'insupporte. Tout ce qui auparavant pouvait m'attendrir m'irrite aujourd'hui au plus haut point. Je tente de sourire mais le cœur n'y est pas. Ensuite, il étale généreusement la confiture avant de pousser la petite assiette devant moi.

— Bon appétit, chérie !

— Merci.

Je croque dans le pain frais et chaud. C'est vraiment délicieux. J'avale deux bouchées avant de me rendre compte que Xavier me dévisage. Fais suer ! On ne peut même pas manger tranquille. C'était bien la peine de faire tout ça pour gâcher mon plaisir maintenant.

— Tu ne manges pas ? je demande.

— Si...

Il reste là comme un benêt à m'observer, un sourire idiot posé sur les lèvres.

— J'ai beaucoup de chance de t'avoir dans ma vie, me balance-t-il tout à trac.

C'est bien le moment !

Je ne réponds pas, pose ma tartine et bois une longue gorgée de mon café avant de reposer mon bol. Il est délicieux. Dommage, je sens que ce qui aurait pu être un moment délectable va finir en discussion interminable.

— Tu ne me demandes pas pourquoi je te dis ça ?

Nous y voilà !

Je soupire, mais Xavier ne s'en aperçoit pas. Ou alors il fait semblant de ne pas s'en apercevoir.

— Non, j'étais plutôt occupée à déguster le petit déjeuner que tu as mis tant d'application à me préparer, je réponds en espérant qu'il va comprendre le message.

— Je n'y ai pas mis d'application, mais de l'amour.

— ...

— Tu sais, je suis conscient que j'ai été vraiment nul ces derniers mois...

Oui, c'est le moins qu'on puisse dire.

— Je ne sais même pas comment tu as fait pour me supporter.

Je n'avais pas le choix, mais bientôt, ça va changer.

— C'est pour ça que je dis que j'ai beaucoup de chance de t'avoir dans ma vie. Tu as été extraordinaire durant toute cette période, où je n'ai été... qu'une merde.

C'est terrible, mais le terme ne m'apparaît pas trop fort.

— Je suis heureux que tu sois toujours là... Plus qu'heureux même, je suis sauvé. Puisque tu es là, rien n'est perdu. On va maintenant pouvoir repartir du bon pied. Tu vas voir, ça ne sera plus comme avant. Tu ne dis rien ?

Ses yeux sont embués de larmes. Je le sens sincère et ému et cela me fait de la peine. Je ne peux pas lui laisser croire que tout est encore possible. Je dois être franche. Même si je ne peux plus le supporter, il reste le père d'Alban et l'homme qui m'a accompagnée pendant plus de vingt ans. Je m'apprête à lui répondre avant de me raviser. C'est la Saint-Valentin. Est-ce qu'on parle de rupture un jour pareil ? Xavier, qui a vu que j'allais m'exprimer, m'encourage.

— Oui ? Tu allais dire quoi ?

— Euh… rien.

— Eh bien, tu m'écoutes, répond-il d'un air enjoué, c'est déjà très bien. Mieux vaut ne rien dire plutôt que de me rétorquer que c'est trop tard !

L'air que je tentais d'afficher depuis le début de cette discussion (un air détendu et naturel) s'estompe instantanément, et ça n'échappe pas à Xavier.

— Tu fais une drôle de tête, lâche-t-il, inquiet. Ne me dis pas que tu penses que c'est trop tard ?

N'est-ce pas le moment de lui dire la vérité ? L'aveu est déjà à moitié confessé.

— …

Mon silence le torture. Il me secoue l'avant-bras.

— Crache le morceau, bordel ! Tu ne peux pas me laisser comme ça !

Si je lui dis aujourd'hui que je veux le quitter, il va quand même falloir vivre sous le même toit jusqu'à ce que je trouve le moyen de partir. Cela risque de se transformer en véritable enfer. Et comment fait-on pour partager le quotidien et le lit de quelqu'un qu'on n'aime plus et qu'on s'apprête à quitter ? Je préfère ne pas le savoir et vivre dans une paix relative jusqu'au moment où il sera temps de lui annoncer mes projets.

— Ce n'est pas trop tard, je mens.

— Tu es certaine ?

— Oui, je réponds en essayant d'être la plus convaincante possible.

— Alors pourquoi tu as fait cette tête ?

— Quelle tête ?

— Quand je t'ai fait remarquer que j'étais content que tu ne me dises pas que c'était trop tard, tu as eu l'air de… de…

— De quoi ?

— L'air de quelqu'un qui vient d'être démasqué !

— Pfff, tu délires !

— Tu es sûre ?

— Oui, j'en suis sûre, je répète, énervée.

— Donc, il n'y a pas de raison qu'on n'y arrive pas. Je n'ai pas été à la hauteur ces derniers temps, c'est derrière nous maintenant. Je sais que tu as été déçue par mon attitude mais tu vas voir… Je vais prendre les problèmes à bras-le-corps. Je peux encore tout rattraper si tu m'aimes toujours.

Je me lève.

— Qu'est-ce que tu fais ?

— Mon café est froid, et puis j'ai assez mangé.

— Mais tu as à peine touché à tes tartines !

— Je n'ai plus faim. Cette discussion m'a coupé l'appétit.

Je pars m'enfermer dans la salle de bains. Xavier est parvenu à me mettre de mauvaise humeur. Un peu plus et il allait me demander si je l'aimais toujours. Là, je n'aurais pas pu mentir au point de lui répondre par l'affirmative. Hors de question qu'il me fasse dire le contraire de ce que je pense véritablement. Il a réussi à gâcher le petit déjeuner qu'il a mis tant de soin à préparer. Ah ! non, tant *d'amour*, pardon ! Comment ne s'est-il pas douté que cette conversation était malvenue ? Quel manque de discernement ! Ce n'est pas nouveau. Il en a toujours manqué. Le pire, c'est quand je vais lui annoncer que je le quitte. Il sera fichu de me rappeler ce matin de la Saint-Valentin où je l'ai encouragé à tenter de sauver notre couple !

26

J'arrive à l'accueil de Vésuvia, notre concurrent direct, en début d'après-midi. Derrière son comptoir, une hôtesse lit un magazine.

— Bonjour, je suis Claire Chaumont, de chez Nextlift. Je viens voir Séverine Perrot.

Quittant sa lecture à regret, elle décroche son combiné et compose un numéro à quatre chiffres.

— Nextlift est à l'accueil, dit-elle.

Puis, s'adressant à moi :

— Elle va arriver. Merci de patienter.

Elle fait un geste en direction d'un coin meublé de trois fauteuils, d'une table basse et d'un ficus défraîchi. Punaisée sur le mur, une grande affiche représentant le dessin d'un volcan dont la cheminée, telle la gaine d'un ascenseur, guide une cabine incandescente vers le cratère. Je m'assieds et patiente. Longtemps. Quinze minutes plus tard, je suis toujours là. Je me tortille sur mon siège à la pensée du travail qui doit être en train de s'accumuler sur mon bureau. Au moment où je m'apprête à rappeler ma présence à l'hôtesse, j'entends le bruit de stilettos frappant le sol. Une très belle femme brune s'avance vers moi en souriant. On dirait une princesse pénétrant dans la chaumière d'une pauvresse. Sa beauté et sa classe sont incongrues dans ce lieu somme toute assez miteux.

— Bonjour !

Nous nous serrons la main.

— Bonjour.

— Je suis désolée. J'étais en réunion.

Oui, ben, je n'ai pas que ça à faire !

Nous enquillons plusieurs longs couloirs.

— Je m'attendais à voir Valéria...

— Elle est en arrêt maladie.

— C'est grave ?

— Elle s'est fracturé le tibia.

— Oh, la pauvre !

Nous pénétrons dans un bureau meublé simplement mais assez lumineux. Elle sort un trousseau de clés de son sac à main et ouvre un tiroir de son bureau. Elle en retire une enveloppe qu'elle me tend.

— Je ne laisse jamais l'hôtesse d'accueil se charger de ça.

— Je comprends.

Moi aussi, j'aurais du mal à lui faire confiance.

Elle me raccompagne jusqu'à la sortie et, tout en me serrant la main pour me dire au revoir, me demande :

— Et comment va ce cher Stefano ?

— Euh... il va bien.

— Vous lui transmettrez mes amitiés, ajoute-t-elle avec un sourire taquin.

— Je n'y manquerai pas.

Je saute dans un Uber et retourne au bureau. Il est 16 heures lorsque j'arrive, et je fulmine devant les douze

Post-it collés sur l'écran de mon ordinateur. Tout le monde a besoin de quelque chose, et tout de suite. Je vais encore finir tard.

Avant toute chose, aller mettre l'argent dans le coffre. Je sors l'enveloppe de mon sac et me dirige vers le bureau de Delamare. Je frappe, personne ne répond. J'ouvre la porte avec ma clé et referme derrière moi. Devant la bibliothèque, je sors mon téléphone. Delamare m'a envoyé le nouveau code par SMS, comme il le fait tous les lundis matin, et c'est ma première enveloppe de la semaine. 2765. La porte du coffre s'ouvre dans un déclic. Je prends le cahier et vais m'installer dans un fauteuil devant la table basse. Je compte les billets contenus dans l'enveloppe. Il y a deux mille huit cents euros. Je mets deux cents euros dans la poche arrière de mon jean. En compulsant le cahier, je me rends compte que Delamare a ponctionné plusieurs sommes ces derniers jours et qu'il a déposé cinq mille euros en provenance d'une entreprise que je ne connais pas. Je rajoute mes deux mille six cents euros. Le coffre contient maintenant cent cinquante-trois mille quatre cents euros. C'est de la folie !

En début de soirée, alors que je m'active pour parvenir à finir toutes mes tâches, je croise Stefano.

— Tu as les amitiés de Séverine Perrot, je lui balance tout à trac.

Il ne semble ni surpris ni ému, comme si c'était absolument normal que toutes les belles femmes s'intéressent à lui.

— Tiens, et comment va-t-elle ? demande-t-il avec nonchalance.

— Je n'en sais rien, je ne l'ai vue que cinq minutes. Tu n'as qu'à le lui demander.

— Tu as raison, c'est ce que je vais faire. Cette chère Séverine…

Un sourire étire ses lèvres et il semble ailleurs. Sans doute se remémore-t-il la sensualité de cette femme et le plaisir qu'elle lui a offert. Je crois que je suis jalouse.

27

Samedi matin, je me réveille sans courage. Est-ce la perspective de passer le week-end avec Xavier ? Je profite qu'il ne soit pas là pour m'étirer sur toute la largeur du matelas. Quel bonheur d'avoir un lit rien que pour soi ! Xavier se lève de plus en plus tôt alors que moi, au contraire, j'en ai de moins en moins envie. Encore moins d'aller faire les courses hebdomadaires. Pourtant, il le faut bien. La porte de la chambre s'ouvre et Xavier passe sa tête par l'entrebâillement.

— Tu es réveillée, ma chérie ?

— Euh... oui.

— J'ai pris une grande décision ce matin.

Aïe !

Il entre d'un pas décidé dans la chambre et s'assied sur le lit face à moi. Je me redresse sur mon séant en me demandant l'heure qu'il peut être. J'ignore pourquoi l'écran du réveil n'est pas allumé. Xavier affiche une forme de fin de matinée. J'aurais dormi si longtemps ? Je n'ose pas voir ce qui cloche avec le réveil, ça vexerait Xavier. Ce qu'il a à me dire semble important. Il prend ma main.

— Voilà... j'ai décidé d'arrêter de fumer !

— …

— Tu ne dis rien ?

— Eh bien… si. C'est une très bonne décision.

Ça fait déjà trois fois que tu essayes. Trois essais qui ont été invivables pour Alban et moi.

— Tu es sûr que c'est le bon moment ? Il y a des chances que ça se solde encore par un échec.

— Parce que tu penses qu'il y a un moment meilleur qu'un autre ? demande-t-il, penaud.

Ma réaction semble le décevoir. Il s'attendait sans doute à ce que je saute de joie. Je tempère un peu mes propos.

— Oui, tu as raison. C'est difficile, tout le temps. Et même si tu n'y arrives pas, tu auras essayé. C'est déjà pas si mal.

— Tu comprends que je le fais pour nous ?

Dommage que tu n'aies pas pensé à nous plus tôt.

— Oui. Je comprends que ça vient s'inscrire dans une ligne de conduite qui a pour but de remettre notre couple sur le chemin du bonheur…

— Oh, c'est joliment dit !

Plein d'enthousiasme, il se dirige vers la porte avant de se retourner vers moi.

— Il me reste quatre cigarettes dans mon paquet, après ça, c'est fini. Avec l'argent économisé, on va peut-être pouvoir partir en vacances, ou se faire plaisir. Alban m'a filé une de ses vieilles tirelires.

— Parce que Alban est au courant ?

— Oui, je lui en ai parlé hier soir.

Il est vrai qu'hier je suis rentrée trop tard pour pouvoir discuter avec quiconque. Encore heureux que mes heures supplémentaires vont m'être payées. Depuis la cuisine, Xavier me crie que les croissants sont chauds. Ça va devenir une habitude de me préparer mon petit déjeuner. Il y a quelques mois, j'aurais donné n'importe quoi pour qu'il soit cet homme motivé et attentionné. Aujourd'hui, ça me fait ni chaud ni froid. J'aspire à autre chose. Un autre ciel, un autre décor, de nouvelles perspectives.

J'enfile mon peignoir en prenant enfin connaissance de l'heure. Il est 9 h 30. Il faut que je trouve l'énergie d'aller pousser mon caddie dans les rayons du supermarché. Lorsque je pénètre dans la cuisine, on sonne à la porte. Xavier et moi échangeons un regard. Je vais regarder par le judas. C'est Léane. Elle n'est pas seule. Je ferme mon peignoir et j'ouvre la porte.

— Bonjour, madame Chaumont. Je ne vous dérange pas trop ?

— Bonjour, Léane. Non, pas du tout.

— Je vous présente M. Marsoul. Vous savez, le serrurier dont je vous ai parlé, dit-elle en me désignant l'homme aux cheveux grisonnants qui se tient à côté d'elle.

Nous nous saluons d'un signe de tête.

— Toujours pas de nouvelles ? me demande Léane.

— Hélas, non !

M. Marsoul est déjà devant la porte de Mme Brunovitch. Il a posé sa caisse à outils sur le sol. Il tape sur la porte, étudie la serrure.

— Ça ne va pas être compliqué, dit-il, il n'y a même pas de blindage.

Nous nous approchons de lui. Xavier nous rejoint.

— Claire, tu sais que c'est complètement illégal !

— Mme Brunovitch ne portera jamais plainte contre moi.

— Bon, comme tu veux, dit-il, résigné, avant de retourner chez nous.

M. Marsoul insère un petit instrument métallique et en moins de deux minutes, la serrure est crochetée. Léane pousse la porte.

— Je préfère vous laisser entrer seule. Je ne connais pas bien Mme Brunovitch et je ne suis pas certaine qu'elle apprécierait que je rentre chez elle...

L'appréhension monte en moi d'un seul coup. Et si je découvrais un cadavre ? Si tel était le cas, ne devrait-on pas être déjà assaillis par une odeur affreusement nauséabonde ? Je resserre la ceinture de mon peignoir qui n'a nullement besoin de l'être mais ça me donne du courage. Je prends une grande inspiration et dis à Léane et à M. Marsoul de rester là.

— On ne sait jamais, je pourrais avoir besoin de vous...

Même si je connais les lieux, je pénètre à pas feutrés dans l'appartement. La première chose que je constate avec soulagement, c'est que les canaris ne sont pas morts. Du moins la cage est vide. Chose curieuse, elle n'a pas été nettoyée. Cela ne ressemble pas du tout à Mme Brunovitch de partir en laissant des fientes d'oiseaux. Et ses deux palmiers nains manquent cruellement d'eau. Elle me demande toujours de m'occuper de ses plantes lorsqu'elle n'est pas là. C'est de plus en plus étrange. Je vais dans la cuisine. Rien à signaler. Dans la chambre, en revanche, il règne un véritable capharnaüm. Tout comme chez moi, sa penderie jouxte le lit. Des habits de toutes sortes y sont étalés dans le plus grand désordre. Le sol est jonché de paires de chaussures. Dans la salle de bains, *idem*. On dirait que l'armoire à glace a été vidée à la hâte. Des crèmes et des produits de maquillage gisent dans le lavabo. Je rejoins le palier.

— Alors ? me demande Léane avidement.

— M. Marsoul est parti ?

— Oui, il a dit qu'on n'avait qu'à refermer la porte quand on aurait fini. Alors ?

— Il n'y a personne. Les oiseaux ne sont pas là non plus.

— Ouf ! C'est plutôt bon signe, non ?

— Oui, mais j'ai l'impression que Mme Brunovitch est partie précipitamment. C'est tout de même bizarre...

Je décide de prendre les palmiers chez moi pour pouvoir m'en occuper. Tout en mangeant un croissant, je fais un résumé de la situation à Xavier. Cette histoire n'a pas l'air de beaucoup le préoccuper. Il trouve que je me mêle de ce qui ne me regarde pas. Nous ne sommes décidément pas sur la même longueur d'onde. J'entrebâille la porte de la chambre d'Alban avec mille précautions. Il est sorti hier soir, et j'ignore à quelle heure il est rentré. Léane m'a demandé de le prévenir qu'elle serait là pour son cours d'ici deux heures. Alban n'aura pas trop de temps pour se préparer, il est si lent.

— Alban ?

— Mmm...

— J'ai vu Léane, et...

— T'as vu Léane ? Où ça ? m'interrompt-il en se redressant bien plus vivement que je ne l'aurais cru possible.

Je lui explique que Léane m'a accompagnée chez Mme Brunovitch et ajoute qu'elle arrivera bientôt, qu'il doit donc se lever. Contre toute attente, cette information le fait bondir hors du lit.

28

Je crois que je vais enfin avoir un peu de temps pour moi. C'est inespéré, Xavier est parti... faire un jogging ! Après le déjeuner, il m'a dit qu'il voulait redevenir l'homme qu'il était il y a plusieurs années, quand nous vivions heureux et qu'il pouvait encore lire de l'amour dans mes yeux. « Cet homme-là allait courir tous les dimanches pendant une heure. Je dois me rendre de nouveau désirable... », m'a-t-il dit. La façon dont il s'est exprimé, ému et hésitant, m'a touchée. Il a tenté d'enfiler la tenue qu'il avait l'habitude de mettre mais il ne rentrait plus dedans. Il a alors mis son éternel bas de survêtement et un tee-shirt. Au moment où il franchissait la porte, je lui ai rappelé qu'on était en février et qu'il faisait trois degrés dehors. Il a haussé les épaules et il est parti. Quant à Alban, il est sorti peu de temps après le départ de son père en disant qu'il avait un truc à faire et qu'il reviendrait en fin d'après-midi. J'ai donc l'appartement pour moi.

Quel bonheur ! Je vais mettre un peu de musique et essayer la paire de bottes marron et la jupe en cuir noir que je me suis offertes hier. La jupe n'est ni trop moulante ni trop courte (elle m'arrive sous le genou). Dans la boutique, j'ai longuement hésité. C'est une tenue tellement différente de ce que je porte d'habitude. La vendeuse n'arrêtait pas de me dire que ça m'allait très bien, que c'était jeune et moderne. Bien sûr, il fallait qu'elle écoule sa marchandise, mais j'ai eu envie de la croire. Elle m'a fait essayer un pull noir de coupe simple mais agrémenté de sequins argentés vers le col. Il était très joli, alors je l'ai acheté aussi. Financièrement, ce n'est pas raisonnable mais culpabiliser, maintenant que je ne peux plus revenir en arrière, ne sert à rien. Tout à l'heure, je vais aller chez le coiffeur. Le moment est venu pour moi de changer de tête, d'assumer mes désirs et de retrouver une vie sexuelle...

J'étale la jupe et le pull sur le lit lorsque mon téléphone vibre sur ma table de nuit, faisant trembler l'eau dans le verre. Je me penche sur l'écran. C'est Virginie.

— Allô ?

— Je te dérange ?

— Non. Je suis seule à la maison.

— Formidable ! Tu ne vas jamais me croire ! fanfaronne-t-elle.

— Quoi ?

— Je t'ai trouvé une petite maison adorable en Provence, dans un village charmant, un endroit absolument parfait pour vendre tes créations. C'est vraiment...

Je l'interromps.

— Comment ça, tu m'as trouvé une maison ?

— Depuis que tu m'as parlé de ton projet, figure-toi que je m'y suis attelée. J'ai contacté des agences immobilières, je me suis fait envoyer des photos, et de coup de fil en coup de fil je suis tombée sur cette pépite ! Je crois que c'est une occasion en or. Écoute ça : une maison ancienne de deux étages, un peu tarabiscotée, tu vois, avec au rez-de-chaussée une pièce assez grande qui, moyennant quelques travaux, pourrait être transformée en boutique. Et tiens-toi bien, c'est situé dans ce fameux village de Roussillon qui… qui a quoi comme particularité ?

— Hein ?

— Devine ce qui y fleurit en masse en été ?

— Ben… de la lavande.

— Mais non, bécasse ! Les touristes ! C'est pas formidable, ça ?

— Si. Mais… attends, je ne comprends pas. Pourquoi tu as fait ça ?

— Fait quoi ?

— Cherché une maison pour moi…

— Pour t'aider, pardi ! Parce que tu es mon amie et que tu m'as parlé de ton envie d'une nouvelle vie. Ça t'ennuie ?

Je sens une pointe d'inquiétude dans sa voix. Je n'ai pas envie de la blesser ni de lui faire de la peine, mais le premier sentiment qui m'anime est la colère. J'ai l'impression de me faire voler mon projet. Je veux être l'artisan de mon changement de cap et je n'ai pas envie que quelqu'un d'autre s'en occupe à ma place, même si c'est avec la meilleure intention du monde.

— Je trouve que tu aurais pu m'en parler, dis-je en essayant de contenir mon irritation.

— C'est vrai, me dit-elle d'un ton plein de déception… Au départ, je l'ai fait pour m'occuper. Et puis j'ai fait croire à notre cercle d'amis que j'avais été chargée par une richissime anglaise, amie d'une amie, de trouver une modeste maison dans les collines provençales. Un endroit tout simple où elle pourrait se mettre à l'écart du monde une fois par an...

Ma colère retombe légèrement.

— Hum... je vois. Et est-ce que ça a eu un effet sur tes amis ?

— Au départ, non. Mais quand je leur ai dit que l'Anglaise m'offrait quinze mille euros pour le faire, ça a changé la donne !

J'éclate de rire.

— Quinze mille euros ? Tu n'y es pas allée par le dos de la cuillère !

— Faut ce qu'il faut !

Ma rogne a disparu et je réalise que je n'ai pensé qu'à moi.

— Je suis contente que mon projet ait pu t'aider à faire taire ces mauvaises langues qui te regardent comme une moins que rien parce que tu ne bosses pas.

— Tu sais, j'ai pensé à quelque chose...

Virginie hésite.

— Je t'écoute, lui dis-je d'un ton chaleureux.

— Je me demandais... pourquoi on ne s'associerait pas ?

— Pour créer l'entreprise ?

— Oui. Regarde, on s'entend bien. Toi, tu es très douée pour tout ce qui concerne la création. Tu peux concevoir de très jolis bijoux, des accessoires pour femmes, des objets de décoration. Mais toute cette production, il faut la vendre, il faut être visible, savoir suggérer le besoin, définir le bon prix. Tout ça, c'est ma partie. Sans compter qu'il faut savoir acheter la matière première. Qu'en penses-tu ?

— J'en pense que ça ferait définitivement changer le regard de ton entourage.

— Ce n'est pas pour cette raison que je te propose ça. Enfin... même si je ne te cache pas que ça serait effectivement une belle occasion de leur clouer le bec, ajoute-t-elle en riant.

— Je ne vais pas gagner suffisamment, tout du moins au début, pour pouvoir te sortir un salaire. Déjà que je vais sûrement avoir du mal à me payer moi-même...

— Ne t'inquiète pas pour ça. Tu sais très bien que je n'ai pas besoin d'argent.

— Hors de question que tu bosses gratis !

— Alors, si ça peut te mettre à l'aise, on va dire que ni toi ni moi ne toucherons un centime avant de faire des bénéfices pour nous laisser toutes les chances de réussite. OK ? Ensuite, on en reparlera. Tu es d'accord ?

La porte d'entrée s'ouvre à la volée. Xavier déboule dans la chambre, le visage rouge et tout essoufflé.

— J'ai pas pu aller très loin... Je suis sûr que mon rythme cardiaque dépasse les cent soixante-dix battements par minute ! Il faut... il faut que je retrouve ma montre. Tu sais, celle qui affiche les pulsations, les calories et tout...

Je n'ai pas le temps de répondre. Xavier est déjà parti vers la cuisine. Je l'entends prendre un verre dans le placard et ouvrir le robinet.

— Il faut que je te laisse, dis-je à Virginie à mi-voix. Xavier est rentré. Il ne sait rien. Surtout, ne fais pas de gaffe, toi ou Nicolas.

— Comment veux-tu que ça arrive ? On ne l'a jamais au téléphone.

— Bisous. Je te rappelle plus tard.

Xavier est maintenant en train de prendre une douche. J'ai le temps de lister les points positifs et négatifs de la proposition de Virginie, et le moins qu'on puisse dire, c'est qu'elle ne me laisse pas indifférente. Cette fois, c'est du concret. J'ai même l'impression que ça ne l'a jamais autant été. Mon changement de vie est en gestation ! Je prends un carnet et un stylo dans le tiroir du chevet et trace un trait vertical séparant la feuille en deux. En haut de chaque colonne, j'écris « POUR » et « CONTRE ». Je réfléchis. Les points favorables me viennent en premier à l'esprit. Virginie est un booster. Seule, je vais avancer trop lentement. De plus, elle est effectivement très calée en marketing et en communication. Elle pourra apporter beaucoup à une jeune entreprise, la valoriser, la mettre en avant. D'autre part, si Virginie n'entre pas dans le projet, est-ce que je trouverai le temps de m'occuper de ces aspects-là ? Je vais déjà passer énormément de temps à produire. Je note dans la colonne « POUR » : à deux, on est plus fortes. Un travail d'équipe oblige à se surpasser. On n'est pas seul, on doit rendre des comptes. Finalement, il n'y a que du positif, si ce n'est le fait que mon projet deviendrait *notre* projet. Est-ce si gênant que ça ? Pour Virginie, ce job lui permettrait de trouver un peu plus sa place en société. Elle en a aussi réellement envie et elle pourrait exercer à Cannes tandis que je serais en Provence. Habiter en Provence reste mon rêve, mon rêve à moi seule. J'ai le sentiment qu'elle m'en vole un petit bout en cherchant la maison à ma place. Il faut que je lui dise d'arrêter de chercher...

— Qu'est-ce que tu fais ?

Je sursaute. Xavier est entré dans la chambre sans que j'y prenne garde. Il est en peignoir et se frictionne les cheveux avec une serviette.

— Rien. Je prépare la liste des courses pour la semaine prochaine.

— Ah bon ? Tu ne fais jamais de liste, d'habitude.

— Tu as raison. Il y a un début à tout.

Il va vraiment falloir que je lui parle.

29

Lorsque Stefano pénètre dans l'entreprise, je vois tout de suite à l'expression de son visage qu'il remarque ma nouvelle coupe de cheveux (alors que Xavier a mis trois heures avant de s'apercevoir que quelque chose avait changé). D'après la coiffeuse, je parais plus dynamique. C'est vrai que ça me va bien.

— Bonjour, Claire. Tu es splendide ! s'extasie-t-il en se penchant légèrement par-dessus le comptoir.

Je porte un pull assez échancré qui laisse deviner la naissance de mes seins. Et j'ai pris soin de mettre un soutien-gorge pigeonnant.

— Merci ! je réponds innocemment alors que tout était calculé.

Il hésite à me dire autre chose mais se ravise et se dirige vers son bureau. Combien de jours, de semaines lui faudra-t-il pour m'inviter à dîner ? C'est fou comme les choses peuvent changer quand on le décide vraiment. Dire que cet homme savait à peine se souvenir de mon prénom il n'y a pas si longtemps. J'ai envie de sauter de joie comme une gamine mais il faut que je me mette au travail. Pour l'instant, je n'ai pas trouvé comment arrêter ce job afin de me consacrer pleinement à mon avenir, alors il faut bien que je m'y mette. Le seul avantage, c'est qu'entre mes heures sup et les enveloppes à aller chercher, je vais récolter une belle somme que je pourrai investir dans mon projet.

J'entends Delamare en train de hurler au service comptabilité. Les protestations sont faibles, mais il me semble reconnaître la voix de Soraya. Cyril déboule à l'accueil.

— Dis donc, ça barde !

— Oui, c'est le moins qu'on puisse dire.

— Tu sais pourquoi ?

Qu'est-ce que ça peut te foutre ?

— Aucune idée. Il ne faut pas grand-chose au boss pour qu'il se mette à crier.

— Il doit être en manque, Valéria n'est plus là pour les turlutes, s'esclaffe-t-il, goguenard. À moins qu'il ait trouvé quelqu'un pour la remplacer ?

Je m'apprête à lui dire qu'il colporte n'importe quoi et qu'il ferait mieux de la fermer, mais je me ravise. Il faudrait justifier mon propos, or je suis tenue au silence le plus complet. Surtout auprès de cet abruti de Cyril. Il louche sur mon décolleté.

— Dis donc, tu prends de l'assurance, hein ?

— Qu'est-ce que tu veux dire ?

— Ben, j'sais pas… T'es en train de changer, je trouve. En bien, hein ! D'ailleurs, ça te dit de déjeuner avec moi ce midi ?

— Non merci.

Mon manque d'hésitation le fait tiquer.

Bien fait !

Je tempère un peu mon propos.

— J'ai énormément de travail. Si je prends une pause pour le déjeuner, je vais finir très tard ce soir et je n'en ai pas envie.

— Dommage. Une autre fois ?

— C'est ça, une autre fois.

Tu peux toujours rêver !

Il fait mine de partir mais revient sur ses pas.

— Dis donc, tu bosses vachement ces derniers temps… T'es bien sûre que le boss va te payer tes heures sup ?

— Oui.

— Il t'a signé un papier, quelque chose ?

De quoi tu te mêles ?

— Non… Mais il me les payera. Il s'y est engagé.

Cyril affiche un sourire mauvais.

— Ouais, ben méfie-toi quand même. Pascale aussi, l'année dernière, avait bossé comme une dingue. Pour rien car il ne lui a jamais payé ses heures…

Il quitte l'accueil, fier du doute qu'il a semé dans mon esprit. Se pourrait-il que Delamare me fasse un coup pareil ? Non. Il m'a promis que mes heures sup seraient payées, il ne peut pas revenir sur sa parole. Cyril me dit ça juste parce que je l'ai vexé en refusant son invitation à déjeuner. Quel con !

La matinée passe à une vitesse folle. Je n'ai même pas le temps de téléphoner à Virginie pour lui dire que j'accepte sa proposition. À 12 h 30, je vois Cyril partir déjeuner. Il est accompagné de Soraya et de Prune. Je parie qu'il va leur tirer les vers du nez pour savoir ce qu'il s'est passé. La pauvre Soraya a pleuré, ses yeux sont rouges et gonflés. À 12 h 50, Ahmed s'arrête devant moi. Il va chercher un sandwich et me demande si je veux quelque chose.

— Non merci, c'est gentil. J'ai apporté une salade.

À 13 heures, Stefano passe rapidement dans mon champ de vision. Il pile net, fait deux pas en arrière. Mon cœur manque un battement.

— T'as déjeuné ?

— Non, pas encore.

— Tu viens ?

— C'est-à-dire que... Oui, d'accord !

— Ne t'inquiète pas, on ne traînera pas. J'ai un rendez-vous dans le neuvième à 15 heures.

Il m'entraîne vers le boulevard, plus loin que les deux restaurants où les salariés de Nextlift ont l'habitude de manger. Il m'explique qu'il ne veut pas croiser nos collègues.

— Je te veux pour moi tout seul, plaisante-t-il.

On s'attable. J'ai à peine le temps de voir la carte que Stefano commande deux plats du jour. Bon, je suis venue là uniquement pour lui, alors je me fiche un peu de ce qu'il y aura dans mon assiette. Il jette un œil alentour, puis son regard plonge dans le mien. Ce que j'y lis est très explicite. Alors qu'il ne dit pas un mot, les joues me brûlent. Je dois être rouge comme un coquelicot. Nous savons tous les deux ce que nous faisons en ce lieu, pourquoi nous déjeunons ensemble alors que nous n'avons jamais rien partagé ni jamais rien échangé (ou presque rien) depuis que j'ai rejoint Nextlift il y a douze ans. Désormais, Stefano a du désir pour moi. De femme invisible, je suis passée à femme séduisante et je suscite son intérêt. Pourquoi ? Et pourquoi si vite ? Je ne le saurai jamais car je ne compte pas lui poser la question. Peut-être l'évocation de la *pole dance*, ou mon changement de style, ou mon attitude moins rigide, ou le fait d'être dans le secret des dieux… En fait, je crois que c'est tout simplement le fait d'avoir envie qu'il s'intéresse à moi.

Pendant le repas, nous échangeons quelques banalités au sujet du boulot, puis je lui demande comment il peut être ami avec Delamare.

— Ce n'est pas un ami…

— Ah bon ? Pourtant, vous avez l'air très proches.

— C'est trompeur. En réalité, nous avons la même façon de voir les choses d'un point de vue professionnel, mais ça ne va pas plus loin. On ne se voit pas en dehors du boulot, sauf lorsqu'il est question d'argent liquide à véhiculer. Je n'approuve pas toutes ses méthodes, même si je les comprends.

— Tu parles des pots-de-vin et des enveloppes ?

— Oui. Ça gangrène tout le marché. Mais il n'a pas trop le choix s'il veut survivre. Tout le monde fait ça, c'est très difficile de rester honnête. Un fruit sain dans un panier de fruits pourris ne fait pas long feu. Très vite, il devient aussi pourri que les autres.

Le plat arrive. Du poisson, servi avec du riz et des champignons. Ouf, pas de tripes ni de cuisses de grenouilles. Stefano mange vite, et j'essaye tant bien que mal de le suivre, mais c'est peine perdue. Je ne pourrai pas tout ingurgiter. Je m'attache donc à finir le poisson en priorité.

— Il t'arrive d'aller dîner à l'extérieur ? Je veux dire sans ton mari ?

— Ce n'est pas mon mari.

— Sans ton concubin ?

Non, jamais.

— Oui, parfois…

— Alors, ça me ferait plaisir de t'inviter à dîner…

Il me sonde du regard.

— D'accord.

Il sourit. À nouveau, son regard en dit long. J'ai l'impression de voir passer dans ses yeux tout ce dont il a envie. D'un seul coup, j'ai chaud. Stefano demande l'addition et s'attache à ramasser du bout des doigts les quelques miettes de pain qui parsèment la table pour les mettre dans son assiette. De retour au bureau, nous croisons Cyril à l'accueil.

— Ah, te voilà enfin ! J'ai besoin de…

Il s'interrompt en voyant Stefano juste derrière moi. Il l'a sûrement entendu me glisser à l'oreille « Merci pour le déjeuner » et a remarqué sa main effleurant ma hanche.

— Oui ? Tu as besoin de quoi ? je demande à Cyril lorsque Stefano a regagné son bureau.

— D'une copie d'un dossier, celui de la rue Pasteur…

Son air est mauvais mais il ne fait aucune allusion au fait que j'ai accepté de déjeuner avec Stefano, alors même que j'avais prétendu ne pas avoir le temps de prendre mon repas avec lui. Je me fous totalement de ce qu'il pense, je suis en ébullition. J'ai très nettement senti le petit combat qui se joue entre eux. Ils sont en compétition dans le boulot, mais là, un nouveau challenge les anime : qui des deux va sauter la secrétaire ? Bon, vu sous cet angle, ce n'est pas très glamour, mais ça ne fait rien. Combat de testostérone, combat de cervidés dont l'enjeu est de séduire une belle biche. Moi, en l'occurrence. J'avais oublié combien il était bon de se sentir désirée ! Il faut que j'en profite. À 42 ans, je ne vais plus être biche très longtemps.

30

Adossée à la tête de lit, les jambes sous la couette et l'ordinateur posé sur les cuisses, je finis mon courriel.

« Ma Virginie,

Je suis désolée de ne pas t'avoir rappelée. Je n'ai pas eu le temps au boulot, et le soir à la maison, Xavier est toujours là, d'où cet e-mail pour plus de discrétion. Je suis dans la chambre et il est en train de regarder des replays de Top Chef. *J'ai réfléchi à ta proposition et je suis d'accord. Je trouve même que c'est une très bonne idée. On va monter cette boîte ensemble, et tu as raison, je pense que nous serons très complémentaires. En revanche, j'aimerais chercher ma future maison moi-même. C'est difficile de t'expliquer pourquoi je n'ai pas trop envie que tu m'aides sur la question du logement. Je crois que je veux que cela m'appartienne complètement. Mais j'ai quand même envie d'aller visiter ta "pépite". Je ne veux pas non plus prendre le risque de passer à côté d'une occasion en or. On pourrait se rejoindre là-bas ce week-end ? Es-tu dispo ? Départ samedi, retour dimanche soir. Je ne pourrai pas dégager plus de temps.*

Je suis super contente qu'on se lance là-dedans ensemble !
Je t'embrasse.
Ta Claire
P-S : hier, j'ai déjeuné avec Stefano (tu sais mon collègue de bureau qui me plaît bien). Tu vas être contente, je pense qu'on ne va pas tarder à passer aux choses sérieuses. »

— Qu'est-ce que tu fais ?

Je sursaute. Xavier est entré dans la chambre et s'apprête à se coucher. Je ne l'ai pas entendu éteindre la télé ni aller dans la salle de bains.

— Rien. J'envoie un e-mail à Virginie.

J'appuie rapidement sur la touche « envoi » et rabats le clapet de mon ordinateur.

— Pourquoi tu ne l'as pas appelée ? D'habitude, tu préfères lui parler...

— Je ne sais pas. Il est tard...

Xavier ne prête pas attention à ma réponse. Il est pâle et a l'air préoccupé.

— Ça ne va pas ?

— Si, si...

— Ben, alors pourquoi tu fais cette tête ?

— ...

— Xavier ?

— Hein ?

— Pourquoi tu fais cette tête ? Qu'est-ce que tu as ?

— Mais rien...

Je l'observe un moment. Il a l'air complètement dans le cirage tandis qu'il jette négligemment son peignoir sur la chaise. Il s'apprête à retirer son caleçon, avant de probablement se souvenir qu'il le garde toujours pour dormir. Puis il tire sur les bords de son tee-shirt comme s'il ne savait pas quoi faire avec. Enfin, il finit par se glisser sous la couette. Je pose mon ordinateur à côté de ma table de nuit et m'allonge, tournée vers lui. Xavier fixe le plafond, il semble attendre quelque chose.

— Ben... tu ne prends pas ton somnifère ? je lui demande en me redressant.

— Non.

— Mais tu ne vas pas dormir...

— Aucune importance.

— Tu vas me dire ce qu'il y a ?

— Mais il n'y a rien ! Absolument rien !

Je fixe un instant les lignes de son profil, essayant de détecter un indice. En vain.

— Bon, puisque tu le dis... Bonne nuit !

J'éteins ma lampe de chevet et lui tourne le dos. L'avantage, c'est que sans somnifère il ne va pas trouver le sommeil. Je vais pouvoir m'endormir tranquillement, sans m'imaginer à proximité d'un héliport. Je me demande bien ce qu'il a quand même. Et s'il était gravement malade ? Si on lui avait annoncé un cancer ? Mais quand aurait-il fait des examens ? Non, c'est impossible. C'est son inactivité qui lui p...

La lumière jaillit soudainement et Xavier sort du lit comme un diable de sa boîte.

— Et puis merde, faut que je te parle !

— Quoi ? dis-je, alarmée, tout en m'asseyant.

Il marche autour du lit dans un état de grande agitation.

— Je ne sais pas trop comment te l'annoncer...

— Tu as un cancer, c'est ça ?

Ma voix s'élève dans les aigus sans que je le veuille, et, déjà, des larmes me piquent les yeux. Xavier se précipite vers moi et me prend les mains.

— Oh ! mais non, ma chérie, tout va bien, rassure-toi.

Je retire mes mains d'un mouvement sec.

— Bon, alors qu'est-ce que tu attends pour me dire ce qu'il t'arrive ?

— ...

— Quoi ?

— Écoute... je t'ai menti...

— Menti ? À quel propos ? Tu as une maîtresse ?

— Pfff ! Mais non ! Pourquoi est-ce toujours la première chose à laquelle pensent les femmes ?

— Alors quoi ? Parle, bon sang ! On ne va pas y passer la nuit !

— Bon... Tu te souviens que j'avais failli avoir un job de second de cuisine dans un grand restaurant du quatrième arrondissement ? Finalement, c'est ce type qui était dans la même école hôtelière que moi qui a eu le boulot...

— Oui, oui, je me souviens, je l'interromps, pressée de savoir de quoi il retourne.

Comment aurais-je pu oublier ? Ça a marqué le début de nos emmerdements.

— Le restaurateur m'a appelé il y a deux semaines pour me demander si j'étais toujours intéressé par le poste. Le mec n'a pas fait l'affaire...

— C'est génial ! Pourquoi tu ne me l'as pas dit ?

— Parce que...

— Parce que quoi ?

— Parce que je lui ai dit que je n'étais pas disponible.

— Qu'est-ce que tu racontes ? On t'offre un job alors que le marché du travail n'a jamais été aussi saturé, qui plus est un job bien payé, et toi tu te permets le luxe de refuser la place alors que ça fait des mois que tu répètes qu'on n'a plus de fric ? T'es sérieux, Xavier ?

Je suis furieuse. Je n'ai même pas envie d'écouter ses explications. Qu'il reste devant sa télé, qu'il continue sa vie de larve. Moi, il faut que je me barre d'ici le plus vite possible. Pourquoi suis-je autant en colère contre lui alors qu'il ne fait déjà plus partie de ma vie ?

— Tu sais, Xavier, je ne serai pas toujours là pour subvenir à tes besoins, il y aura bien un moment où il va falloir te prendre en main...

— Que veux-tu dire ? Que tu comptes me quitter ?

J'élude la question.

— J'en ai marre que tu vives à mes crochets.

— C'est une façon de voir les choses, répond-il froidement. On est un couple, Claire. On s'entraide. Tu as oublié qu'à nos débuts, quand tu as obtenu ton BTS, tu as mis très longtemps à trouver un job. Est-ce qu'une seule fois je t'ai reproché de vivre à mes crochets ? Non, je savais que c'était une étape à passer. Voilà, maintenant, c'est mon tour.

Il a raison. Je me souviens qu'à l'époque, j'avais mis plus d'un an pour trouver un boulot.

— Je ne comprends pas pourquoi tu as refusé, c'est tout. Tu avais été déçu de ne pas avoir été pris la première fois, rappelle-toi !

— Oui, mais depuis, j'ai réfléchi.

— Eh bien, je t'en prie, fais-moi part de tes réflexions.

— Tu sais, j'ai remarqué que ton attitude envers moi a changé. Parfois, j'ai le sentiment que tu ne m'aimes plus. Au fond, je me dis que ce n'est pas possible. Cela fait vingt-deux ans qu'on est ensemble, Claire. Vingt-deux ans qu'on partage tout, et pas toujours le meilleur. On a tenu jusque-là et on va tenir encore. Ce que tu n'aimes plus, ce n'est pas moi mais c'est cette vie, notre vie. Cette vie de merde qui tue notre amour. D'accord, on a élevé Alban, on a toujours pensé à lui en premier. Mais, maintenant, Alban est grand et c'est à nous qu'il faut penser.

— On n'en a pas fini avec Alban, il doit faire des études.

— Il en fera, tu verras. Ce gamin n'est pas aussi mal parti que tu le penses.

— Tu as l'air bien sûr de toi.

— Oui, je le suis. Fais-moi confiance. Écoute-moi, on doit changer de vie. Donner un grand coup de pied dans tout ça, notre appartement trop petit, cette ville grise qui donne le cafard, tes heures de transport, ton boulot pour lequel tu te crèves et qui ne te plaît pas... On a encore un avenir devant nous. C'est le moment pour nous d'envoyer tout balader et de continuer notre vie ailleurs. Si j'avais accepté ce job, certes, on aurait eu un peu plus d'argent, mais on aurait encore plus cadenassé la chaîne qui nous retient ici. Alors, voilà... j'ai pensé qu'on pouvait partir au soleil, dans le sud de la France ou à l'étranger. J'ai pensé que je pourrais ouvrir mon propre restaurant. Je sais que j'en suis capable. J'ai toujours travaillé dans la restauration. Je sais comment ça fonctionne. Qu'est-ce que tu en penses ?

Dans ses yeux, je lis une grande appréhension. Il est suspendu à mes lèvres. Je suis sidérée. Xavier a eu la même idée que moi. Pendant que je me projetais dans un avenir radieux, lui se construisait un film similaire de son côté ! C'est fou ! Il a dressé le même bilan que moi sur notre vie, et au même moment. À une différence près, et cette différence est de taille, dans son plan je figure dans l'équation, alors que dans le mien il n'en fait plus partie. Ça change tout. Il se trompe lorsqu'il dit que je l'aime encore. Je ne l'aime plus. Je n'ai plus aucun désir pour lui et je ne m'imagine plus vivre à ses côtés.

— Alors ? me relance-t-il.

— Je ne sais pas. Il faut que j'y réfléchisse.

— D'accord, dit-il après un moment.

On se recouche. Il éteint la lumière. Nous sommes tous les deux allongés sur le dos. Il prend ma main, et je n'ai pas le courage de la lui retirer.

— Tu m'en veux de t'avoir caché ça ?

Avec ce que je te cache, ça serait malvenu de t'en tenir grief.

— Non. Mais pourquoi tu faisais cette tête ? C'était l'idée de me l'annoncer qui te mettait dans un état pareil ?

— Non.

— C'était quoi, alors ?

— ...

— Xavier ?

— Je suis allé voir notre banque aujourd'hui, j'avais rendez-vous pour étudier la possibilité de demander un prêt. C'était informel. Je n'ai pas encore constitué de dossier, ni trouvé de local et fait de business plan... C'était juste pour avoir une idée du montant qu'ils pourraient nous prêter.

— Mmm, je vois... Et alors ?

— Et alors, ils ne pourront pas nous accorder de prêt. En tout cas, pas un prêt qui nous permette de nous installer.

La dure réalité me frappe la tête. Moi non plus, je n'aurai pas de prêt, et je subirai bientôt le même refus. Qu'ai-je cru ? Que j'étais dans un roman ? Xavier ne va pas être le seul à mettre deux plombes à s'endormir.

31

Le jeudi suivant, Ahmed me propose de déjeuner dans une pizzeria non loin du bureau. Tout le monde y va (sauf Stefano qui est en clientèle). J'accepte. Je me dis qu'avec un peu de chance, ça pourrait me changer les idées. Au moment où nous nous apprêtons à quitter l'entreprise, Delamare arrive en trombe à l'accueil.

— Claire ! Vous allez où ?

— Ben… déjeuner !

— Non. Vous irez plus tard. Pour l'instant, j'ai besoin de vous.

— Là ? Tout de suite ?

— Oui, tout de suite. Venez dans mon bureau.

Fais suer !

Cyril se met à chantonner.

— Tralala, turlute, turlute…

Quel con ! S'il savait…

Je décide de l'ignorer et je suis Delamare qui referme la porte de son bureau derrière moi.

— Il faut que vous alliez porter une enveloppe.

— Maintenant ?

— Oui, maintenant ! Un syndic. J'aurais dû leur remettre le fric moi-même la semaine dernière et je ne l'ai pas fait. Résultat : ils m'emmerdent. La bonne femme qui s'occupe du dossier est une véritable hystérique, une mal baisée ! Il leur faut six mille six cents euros. Alors vous prenez six mille huit cents dans le coffre, vous marquez cette somme en débit sur le cahier, vous prélevez vos deux cents euros et vous y allez immédiatement. Je vous envoie l'adresse du syndic plus tard par SMS. J'ai un déjeuner avec un client, il faut que je file. Fermez bien la porte à clé.

Il ramasse à la va-vite quelques affaires sur son bureau et s'en va comme une tornade. J'allège le coffre de la somme dite. Il reste tout de même cent quarante-cinq mille euros. Je regagne mon bureau en me disant qu'à choisir, je préfère louper le déjeuner et gagner de l'argent. Le SMS me parvient alors que j'enfile mon manteau. *« Syndic Pouydou & Badincourt. Véronique Touneau. Exigez qu'elle compte le fric devant vous ! »* Suivent l'adresse et le code de l'immeuble. Je commande un Uber, direction le dix-neuvième arrondissement.

Lorsque j'arrive là-bas, je suis surprise de constater qu'il n'y a pas d'accueil mais un open space. C'est l'heure du déjeuner, seules quatre personnes sont encore présentes. Je repère tout de suite la Véronique en question parce qu'elle est en train de casser du sucre sur le dos d'un copropriétaire auprès d'une collègue. À la décharge de Delamare, elle a vraiment l'air détestable.

— C'est pour quoi ? me demande-t-elle en me détaillant de la tête aux pieds.

— Je suis de l'entreprise Nextlift, je…

— Ah ! Il s'est décidé !

Elle tend la main vers moi, attendant que je lui donne quelque chose. Je sors l'enveloppe de mon sac. Elle la saisit aussitôt et la range dans un tiroir. Sans plus me regarder, elle me jette d'un ton peu amène :

— Merci, bonne journée.

— Euh…

— Oui ? demande-t-elle en relevant la tête.

— Il faut que vous vérifiiez le contenu devant moi, s'il vous plaît.

Elle éclate de rire.

— En qui n'a-t-il pas confiance à votre avis ? En vous ou en moi ?

Elle reprend l'enveloppe, l'ouvre, et sans sortir les billets se met à compter.

— C'est bon, dit-elle au bout d'un moment. Vous ne voulez pas que je vous fasse un reçu, non plus ? demande-t-elle, ironique.

Le reste de la journée se déroule sur les chapeaux de roue. Je n'ai même pas le temps d'avaler quelque chose. Quand, enfin, je me gare sur la place 73, je me sens complètement fourbue. Moteur coupé, je décide de souffler quelques minutes avant de monter chez moi. Impassible, Jacqueline se tient coite à mes côtés. Je soupire. Je pense à tout le liquide qu'il y a dans le coffre.

— T'imagines tout ce que je pourrais faire avec cet argent ? Je pourrais partir en voyage, partir d'ici, démissionner. Avec cent quarante-cinq mille euros, j'aurais le temps de voir venir, de créer mon projet. Mais bon, je ne suis pas une voleuse, hein Jacqueline ? Je suis une honnête fille. C'est d'ailleurs pour ça que je suis là, à poireauter en bas de cet immeuble pourri...

32

À Roussillon, tandis que Virginie et moi patientons devant la maison à vendre, j'offre mon visage aux rayons du soleil provençal. En plein hiver, ça fait du bien. Ici, j'ai l'impression que tout est plus lumineux. Les couleurs s'embrasent vite, contrairement à la région parisienne où tout reste invariablement gris et terne.

Lorsque l'agent immobilier apparaît enfin, avec presque une heure de retard, Virginie est au taquet.

— Vous savez qu'on arrive de loin ?

Il se confond en excuses tandis qu'il cherche la clé sur un trousseau qui en contient au moins une trentaine. Il ouvre la porte et une odeur de vieux champignon nous saute aux narines. La pièce du rez-de-chaussée, celle censée faire office de boutique, n'est pas spacieuse et surtout très sombre. Le plafond est bas, les possibilités d'agrandissement inexistantes en raison des murs porteurs. Le reste de la maison est à l'avenant : pièces petites et mal agencées. Virginie est très déçue. Je ne le suis pas du tout. Je suis même soulagée car j'aurais eu du mal à gérer le fait de recommencer une nouvelle vie dans une maison que je n'aurais pas trouvée moi-même.

Nous décidons d'aller manger un morceau dans un petit troquet au cœur du village. Il est midi, et nous avons tout l'après-midi pour regagner Avignon où Virginie a réservé un hôtel pour la nuit. Mon train de retour est prévu le lendemain en fin de matinée. J'ai dit à Xavier que je passais le week-end chez Virginie. Nous nous installons au comptoir et commandons des croque-monsieur. Hormis le patron et un groupe de quatre vieillards occupés à jouer aux cartes, nous sommes seules. Virginie parle des techniques des agences immobilières pour attirer le client et elle est intarissable.

— Tu as pu constater toi-même que les photos qu'on nous a envoyées n'avaient rien à voir avec ce qu'on a vu. Certes, c'était la même maison, mais photographiée sous un angle qui fausse les proportions. Et puis, bien sûr, pas un mot sur les problèmes d'humidité...

J'acquiesce à tout ce qu'elle dit. D'abord parce qu'elle a globalement raison, ensuite parce qu'elle est suffisamment énervée pour que j'en rajoute. Toutefois, je tente d'apporter quelques arguments positifs.

— Ne t'inquiète pas, ce n'est pas grave. C'est un mal pour un bien. Je vais sûrement trouver quelque chose de mieux.

— C'est vrai que je n'ai plus le droit de t'aider...

— Tu sais très bien que ce n'est pas le problème.

— Je ne veux pas te décourager, mais ça ne va pas être facile. Les maisons sont très recherchées dans le coin. Il faut regarder les annonces tous les jours et être très réactives parce que les meilleures occasions partent tout de suite.

Tout en sortant des verres du lave-vaisselle, le patron ne perd pas une miette de notre échange.

— Et puis avec la distance et ton emploi du temps…

— Bon, évite de me décourager tout de même.

— Ce qu'il faut, c'est court-circuiter les agences ! intervient le patron avec un fort accent provençal.

Virginie lève les yeux vers lui.

— Et comment vous proposez d'accomplir cet exploit ?

— Sauvaire, viens voir ! crie le patron à l'intention du groupe de vieux.

— Moi ? demande un vieillard en pointant son index sur lui.

Il a une tignasse et une barbe blanches très fournies, qui forment comme une crinière. On dirait un vieux lion.

— Ben oui, toi ! Hé, t'en connais d'autres des Sauvaire ?

L'homme se lève avec difficulté. Tous les regards se tournent vers nous. Qui sont ces étrangères qui interrompent leur partie ? Voilà ce qu'ils doivent se dire. S'appuyant sur une canne en bois d'olivier, il faut un moment au vieux pour rejoindre le comptoir.

— Qu'est-ce qui se passe ? demande-t-il.

— Figure-toi que ces dames cherchent à acheter une maison, annonce-t-il en roulant des yeux et de la tête.

— Et alors, Toni, qu'est-ce que tu veux que ça me fasse ?

— Ne fais pas ton fada, Sauvaire ! Tu sais très bien que tu vas devoir un jour ou l'autre te débarrasser de la *Maride-ti* !

— On verra quand il sera temps !

— Bé, il est temps !

— Je ne suis pas encore au trou, balance-t-il en nous regardant d'un air plein de défi.

Son regard bleu acier pétille. Virginie saisit la balle au bond.

— Bien sûr que vous n'êtes pas encore au trou ! Ça se voit, vous êtes tout fringant ! Je parie que vous commencez à peine votre retraite !

Tout le monde éclate de rire. Un de ses acolytes s'esclaffe :

— Ah, elle est bien bonne celle-là ! Sauvaire, ça fait cent ans qu'il est à la retraite !

Nouvel éclat de rire général.

— Et pourquoi vous voulez venir dans le coin, d'abord ? demande le vieux félin.

— Je veux changer de vie, dis-je. Je ne suis pas heureuse dans la mienne. Je veux aussi changer de métier et créer mon entreprise, fabriquer des accessoires en tissu, des bijoux, toutes sortes de choses… J'ai toujours rêvé de faire ça en Provence.

— Ah, là, c'est pas pareil, Sauvaire, intervient le bistrotier, ça peut faire des emplois ! C'est pas une maison de vacances qu'elles cherchent !

Le vieux grogne.

— Et pourquoi en Provence ? Pourquoi pas en Normandie ou dans le Languedoc ?

— Parce que lorsque j'étais enfant, mes parents m'amenaient en vacances dans le coin. Je suis tombée amoureuse de cette région. La splendeur de la nature, la richesse des paysages, la facilité de se lever le matin, l'air pur, les tournesols, le soleil, les parfums de romarin et de lavande...

— Hé, tu vois ! ajoute le patron.

Le vieux lion nous observe un moment. Puis, d'un seul coup, il jette :

— Bon, suivez-moi !

Il dit aux joueurs de continuer sans lui et sort du café. Je croise le regard interrogatif de Virginie.

— Allez-y, vite, vite, vite ! débite le patron. Vite, avant qu'il change d'avis !

On règle nos consommations et on sort. Le vieux est déjà à cent mètres de là et s'apprête à monter dans une camionnette bleue hors d'âge.

— On monte avec vous ? crie Virginie.

Il nous répond par un signe, nous demandant de le rejoindre. On se précipite. Il démarre sans nous laisser le temps d'attacher nos ceintures. Je cherche la mienne à l'arrière mais il n'y en a pas. Nous sortons du village et empruntons des routes plus ou moins fréquentées. Pendant dix bonnes minutes, nous tournons plusieurs fois à gauche et à droite. Le lion blanc n'a pas décroché un mot.

— C'est encore loin ? demande Virginie.

— Ma sœur Marie est morte y a trois ans. C'était sa maison. Elle n'a pas eu d'enfants et moi non plus. Enfin, j'avais un fils, mais il est mort en 1981...

Nous roulons encore dix minutes. Nous approchons de Lacoste, un village perché sur le Lubéron. Virginie se tourne vers moi.

— Lacoste, c'est très bon, ça, me dit-elle tout excitée. Puis, à l'intention du vieux : il doit y avoir beaucoup de monde ici en saison, non ?

— Ouais ! Pis pas que des Français, hein ! Tout ça, c'est rapport au château du marquis[3]. Les gens viennent du monde entier.

Avant le dernier virage, le vieux s'engage sur un chemin de terre, soulevant un nuage de poussière.

— Oh, c'est pas dans le village ! s'exclame Virginie, déçue.

Deux cents mètres plus loin, nous débouchons dans une cour caillouteuse. À notre gauche, une maison de pierres aux volets fermés, un peu plus loin, un genre de corps de ferme avec des grandes vitres aux formes arrondies. Et à notre droite, face à la maison, des champs à perte de vue et un panorama à couper le souffle. Nous descendons de la voiture.

— Waouh ! fait Virginie.

Immédiatement, une connexion se crée entre cet endroit et moi. C'est une évidence, je vais passer le reste de ma vie ici. Ce lieu, j'ai l'impression de le connaître depuis toujours, comme si j'y avais déjà vécu dans une vie précédente. Je sens mes yeux s'humidifier. Je suis extrêmement émue.

— On peut visiter ? je demande d'une voix chevrotante.

Virginie, qui remarque mon trouble, me demande si ça va. Je lui presse la main, car je suis incapable d'expliquer mon exaltation et l'espérance qui me contracte le ventre. Le vieux lion soulève un pot en terre cuite près de la porte d'entrée et prend les clés. D'un mouvement de tête, il nous fait signe de découvrir à notre guise l'intérieur de la bâtisse tandis qu'il s'assied sur une vieille chaise métallique devant l'entrée.

L'endroit est exactement comme dans mes rêves. C'est sobre et simple. Une cuisine, une grande pièce qui peut faire office de salon et de salle à manger, deux chambres, une salle de douche. Des tomettes au sol, de l'enduit sur les murs, des formes arrondies. L'autre bâtiment est entièrement vide. La hauteur sous plafond est phénoménale. Les vitres forment des arcs de lumière, la vue est époustouflante. Plusieurs étais de métal façonnés comme ceux de la tour Eiffel soutiennent l'ensemble. Le vieux nous a rejointes en silence.

— C'est un champ de quoi, là, juste devant ? questionne Virginie.

— C'est de la lavande, je murmure.

— Ouais. Ici, vous êtes dans l'ancienne distillerie de ma sœur. Elle produisait de l'huile essentielle. Pis quand elle a pris sa retraite, elle a vendu les machines… Là, devant, c'est un champ de lavande, et pis là, sur le côté, ce sont des tournesols. Alors en été, c'est violet et jaune, c'est beau, enfin, la beauté du coin, quoi…

Incapable de maîtriser mon émotion, je sors précipitamment dehors pour donner libre cours à mes larmes. Virginie me rejoint la minute suivante.

— Qu'est-ce que tu as ? s'alarme-t-elle.

— C'est ici que je veux être ! C'est le lieu idéal. Je m'y vois. Je dois être là. Je le sens. Je ne sais pas comment te l'expliquer. Tout mon être le désire, chaque centimètre carré de ma peau. Ce n'est pas un hasard si on est entrées dans ce troquet quand ce vieux y était. L'intervention du patron, tout ça, ce n'est pas un hasard, c'est que je dois être là, c'est écrit, c'est ma destinée, je le sens, Virginie !

— OK, OK… Calme-toi !

Le vieux se plante devant nous. On ne l'a pas entendu arriver. Perplexe, il nous observe tandis que je sors un Kleenex de mon sac à main.

— Nous sommes très intéressées par votre bien, monsieur… Monsieur ?

— Sauvaire.

— Euh, oui… Bon, combien vous en voulez ?

— Ah, mais c'est pas à vendre !

33

Je suis, comme cela arrive de plus en plus souvent, la dernière encore présente dans l'entreprise. Il est 21 heures mais à chaque jour suffit sa peine, et il est temps de partir, même si je n'ai pas fini ce que j'ai à faire. J'enfile mon manteau, j'attrape mon sac, puis j'éteins mon ordinateur et les lumières. Devant la porte d'entrée, je mets l'alarme en marche, ce qui a pour effet immédiat d'activer les caméras extérieures. En raison de mes horaires tardifs, Delamare m'a donné le code ainsi que les clés de la porte d'entrée de la boîte et celles de la grille en métal. Je me suis toujours demandé pourquoi il prenait autant de précautions pour assurer la sécurité de l'entreprise, qui n'est ni un commerce ni une bijouterie. Certes, les machines de l'atelier coûtent une fortune, mais comment quelqu'un pourrait-il les voler ? Elles sont gigantesques. Aujourd'hui, je sais pourquoi tant de précautions sont nécessaires.

Dehors, il fait nuit depuis longtemps et il pleut à verse. Hormis un homme qui promène son chien, la rue est déserte. Au moment où je baisse la grille de métal, Stefano surgit devant moi. Je bondis en poussant un cri.

— Mais t'es fou ! Tu m'as fait peur !

— Excuse-moi, ce n'était pas voulu. J'ai laissé le dossier pour mon rendez-vous client de demain matin sur mon bureau. J'ai vu que tu étais en train de tout fermer, je me suis précipité.

Sa voiture est stationnée sur un bateau. Je remonte la grille, rouvre la porte, compose de nouveau le code de l'alarme et rallume les lumières.

— J'en ai pour trois minutes ! me dit-il en se précipitant à l'intérieur.

Je l'attends à l'accueil, autrement dit devant mon poste de travail. Effectivement, moins de trois minutes plus tard, il réapparaît avec son dossier sous le bras. J'ai pourtant eu le temps de m'imaginer tout un tas de trucs érotiques. On se dirige vers la porte, et au moment où j'entre le code de l'alarme pour la troisième fois, il pose sa main sur mon avant-bras.

— Pour me faire pardonner, je te ramène chez toi.

Le ton est sans appel. Je pouffe.

— Merci, mais j'habite trop loin.

— Parfait. On pourra discuter.

Je m'apprête à protester mais je me dis qu'après tout, il y a peut-être là une opportunité à saisir. Si Stefano me propose cela, c'est qu'il a une idée derrière la tête, non ? Sa voiture est chaude, moelleuse, confortable et… ultrapropre. Pas un seul papier ne traîne. À côté, la mienne m'apparaît comme un vrai tacot. Il entre Theuville-sur-Glaise dans son GPS et nous partons. Je regrette de ne pas être en jupe, de ne pas être plus sexy, de ne pas m'être pomponnée un peu avant de quitter le bureau.

Le périphérique est très encombré. Stefano ne va pas être chez lui avant des heures mais ça ne semble pas le gêner.

— Ton mari ne dit rien que tu rentres si tard ?

— Je ne suis pas mariée.

— Oh, tu m'as compris !

Je souris.

— Non, il ne dit rien. Et puis notre fils est grand maintenant. Il peut se débrouiller sans moi.

— Je n'en doute pas. Cela dit, je ne pensais pas aux tâches ménagères, je pensais plutôt à votre vie de couple…

— Hum… Nous ne sommes plus un couple très…

Je réfléchis.

— Très quoi ?

— Très uni…

— Je vois… Je suis désolé. Cela arrive souvent lorsqu'on est marié depuis longtemps.

— Sans doute…

Très habilement, il tâte le terrain pour savoir si je me « divertis » dans les bras d'un autre homme. De façon subtile, je lui laisse à comprendre que ce n'est pas encore arrivé mais que si d'aventure l'occasion se présentait, au regard de ma propre situation, je ne passerais peut-être pas à côté, surtout si la proposition est bien amenée. Je vois à sa moue carnassière qu'il a compris le message. Un célibataire sent ces choses-là, comme un chasseur sent la bête imprudente, pourtant il choisit de changer de sujet.

— Tu n'as pas peur de prendre les transports en commun aussi tard ?

— Non, ça va. Je n'ai jamais eu d'ennuis.

Ensuite, on parle de tout et de rien. Il me demande si je pratique toujours la *pole dance.*

— Plus que jamais ! Je commence à devenir une experte.

Je ne pourrais même pas tenir cinq minutes accrochée à la barre !

Il me fixe intensément avec une flamme dans les yeux que je ne lui ai jamais connue.

— Tu ferais mieux de regarder la route, on va avoir un accident !

— Tu as raison. C'est toi qui me déconcentres...

Nous parlons un moment. C'est fou comme on passe à côté des gens dans la vie. Cela fait des années que nous travaillons ensemble, et de lui je savais seulement qu'il était deux fois divorcé, qu'il avait un fils de 21 ans et qu'il habitait Boulogne-Billancourt. Finalement, pas davantage que ce qui est inscrit sur son livret de famille. Aujourd'hui, je sais qu'il a longtemps pratiqué le squash mais qu'il préfère désormais jouer au golf. Je sais aussi qu'il entretient une très bonne relation avec son fils (issu de son deuxième mariage), qu'il adore les belles voitures et les films de Lelouch. Et je sais surtout qu'il me plaît de plus en plus. Dans la voiture monte une très forte tension érotique. Nos corps sont attirés l'un vers l'autre comme des aimants. C'est latent dans toutes les paroles échangées, même les plus banales. Il stoppe à un feu rouge. Je me demande s'il va se passer quelque chose. Je me retiens de mettre ma main sur sa cuisse que je devine ferme sous son pantalon. Je sens qu'il se contient également. En silence, nous échangeons un regard complice et lourd de désir. Le feu passe au vert. Il s'en est fallu de peu pour qu'on se saute dessus. Tout mon être le veut et je sens l'humidité me gagner. Mais au moment d'arriver à Theuville, lorsque je lui précise que je dois récupérer ma voiture sur le parking du terminal du RER, je me refroidis brusquement. Ma ville me fait honte. Elle est sale et défigurée. Comme d'habitude, en fait, mais là, c'est différent car je la découvre avec les yeux de Stefano. J'ai peur que son regard sur moi change. Et ça risque d'être encore pire lorsqu'il verra Jacqueline. Je prends donc une décision complètement stupide. Je lui indique une autre voiture comme étant la mienne. Il s'arrête devant et ne coupe pas le moteur. C'est un soulagement. Les adieux ne vont pas s'éterniser. Je pense que, comme moi, Stefano n'a aucune envie d'échanger notre premier baiser dans un décor aussi peu inspirant.

— Merci de m'avoir raccompagnée.

— Je t'en prie. C'est moi qui te remercie. Si tu n'avais pas été là, je n'aurais pas pu récupérer mon dossier.

— Tu n'as pas les clés de l'entreprise ?

— Non. Denis a insisté plusieurs fois pour me donner un trousseau, et j'ai refusé à chaque fois.

— Mais... pourquoi ?

— Parce que je ne veux pas d'emmerdes.

— Pourquoi tu en aurais ?

— Eh bien, tu sais comme moi ce qu'il y a dans son bureau. On ne sait jamais ce qui peut arriver. Il est préférable de ne pas détenir ces clés, et surtout de ne les avoir jamais eues...

— Tu penses à un vol ? Cela ne viendrait jamais à l'idée de Delamare de t'accuser. Il a confiance en toi.

— On ne sait jamais.

— Bon, il est tard. Je ne veux pas te retenir davantage. Tu as beaucoup de route pour rentrer à Boulogne.

— Tu es libre mardi soir ? J'aimerais t'inviter à dîner.

— Euh… c'est-à-dire que je vais sûrement finir tard.

— Pour une fois, tu pourrais essayer de partir plus tôt afin de profiter de ta soirée, non ?

— Tu as raison. OK pour mardi soir, alors.

— Je serai garé sur le passage piéton au bout de la rue. Rejoins-moi à 19 h 30. Je préfère éviter qu'on nous voie quitter l'entreprise ensemble, sinon ça va jaser.

— D'accord, je réponds en ouvrant la portière.

— D'ici là, je penserai à toi. Le temps passera plus vite, me dit-il d'une voix caressante.

Quelle phrase rebattue ! On la dirait tout droit sortie d'une série B, et pourtant, elle produit son effet parce que c'est exactement ce que j'ai envie d'entendre. Elle ne laisse aucun doute sur ce qu'on peut désormais appeler « notre relation ». Pour mon plus grand bonheur. Je descends de la voiture et me dirige vers un véhicule qui n'est pas le mien. Je fais mine de chercher mes clés dans mon sac. Heureusement, il a cessé de pleuvoir. Stefano attend. Je lui fais signe de partir. Il baisse sa vitre.

— Je préfère attendre que tu sois dans ta voiture, c'est plus prudent.

Oh, non ! Pitié !

— Ce n'est pas la peine. Tu vas attendre une plombe ! Je ne trouve jamais mes clés…

Je continue à fouiller d'un air las. Comment vais-je me sortir de cette situation ridicule ? Faire celle qui découvre qu'elle s'est trompée de voiture ? Je retourne les poches de mon manteau pour gagner du temps. Stefano m'interroge du regard.

— Je t'assure que tu peux y aller. Je ne risque rien, tu vois bien qu'il n'y a personne.

Il doit sentir de l'agacement dans ma voix.

— Tu es sûre d'avoir tes clés au moins ?

— Oui, j'en suis certaine !

— Bon...

Il hésite. Finalement, il roule sur quelques mètres, me demande de lui envoyer un texto lorsque je serai chez moi, relève sa vitre et part. Quel soulagement ! J'attends que sa berline quitte mon champ de vision et, pliée en deux pour ne pas me faire repérer, je me précipite vers ma voiture. Je prends mes clés (je ne les cherche jamais, elles sont toujours rangées dans la poche intérieure de mon sac) et je pénètre dans l'habitacle comme une voleuse. Jacqueline est là, fidèle au poste.

— J'ai avancé à couvert ! lui dis-je.

Tout à coup, je vois le véhicule de Stefano se profiler au bout de la rue.

Oh, c'est pas vrai ! Merde ! Merde !

Une fraction de seconde, je cherche comment parer à cette situation.

Planque-toi !

Je saisis la nuque de Jacqueline et dans un mouvement vif et ample la plie en deux au niveau de la taille pour l'amener à se coucher sur mon siège. Je m'affale sur elle juste au moment où la voiture de Stefano franchit l'entrée du parking. Je le vois s'arrêter devant mon véhicule de substitution. Il reste là un court instant. Que fait-il ? Soudain, la sonnerie de mon mobile retentit.

Merde ! Merde ! Merde !

Je me jette sur mon sac pour l'éteindre. Je relève précautionneusement la tête. J'ai eu l'impression qu'on n'entendait que ça, que ça résonnait comme une sirène d'alarme au milieu d'une nuit calme. Stefano se met à rouler au pas dans les différentes allées et dans la mienne. Je me rends aussi plate que possible. Me faire prendre reviendrait à foutre en l'air toute suite érotique éventuelle. À mon grand soulagement, il regagne finalement la sortie et part pour de bon. Il ne m'a pas vue. Je me redresse lentement.

Putain ! On a eu chaud !

Je rends à Jacqueline sa posture assise, j'arrange sa perruque. Et là, je suis prise d'un énorme fou rire ! Quelle situation grotesque ! Je ne peux plus m'arrêter. Je ris aux larmes en tapant plusieurs fois sur la cuisse de mon avatar.

34

Le mardi soir, j'effectue un dernier passage aux toilettes quelques minutes avant de partir. Après avoir légèrement retouché mon maquillage, j'envoie un SMS à Xavier. *« Encore beaucoup de boulot à terminer. Je vais rentrer tard. Ne m'attends pas. »*

Pour une fois que mes heures sup vont me servir à quelque chose ! Xavier ne trouvera pas bizarre que je finisse tard, c'est tellement habituel. Je suis très excitée. J'ai envie de chanter mais je me retiens car Delamare est dans son bureau. Si Stefano me propose de prendre un dernier verre chez lui, j'ai décidé de refuser, même si la soirée se passe à merveille. Hors de question de coucher le premier soir. Et puis, je ne me sens pas prête.

Stefano m'attend à l'endroit prévu. Lorsque je monte dans sa voiture, j'ai l'impression de me sentir en terrain familier, comme si j'étais déjà sa maîtresse attitrée. Pfff ! Qu'est-ce que je peux ressembler à une midinette, parfois !

— Où va-t-on ? je demande.

— Dans un très bon restaurant. Tu vas voir, je pense que tu vas apprécier.

En habitué, Stefano surfe avec habileté entre les bouchons, ce qui fait que nous arrivons assez vite devant le restaurant. Il confie sa voiture au chasseur puis nous pénétrons à l'intérieur. Tout est blanc du sol au plafond. Le parquet, les tables, les nappes, les assiettes, les couverts, les chaises et les banquettes, les murs, le plafond, les lustres… tout. C'est assez spécial. Un serveur habillé de blanc, ça va de soi, nous conduit à notre table.

— Est-ce que la nourriture sera blanche aussi ?

Stefano rit.

— Non, au contraire, c'est très coloré. Le chef ne cuisine que des produits frais et de saison. Le blanc, c'est pour sublimer ce qu'il y a dans les assiettes.

Nous passons la commande et je laisse Stefano me conseiller et même choisir le plat pour moi. Je n'ai pas très faim. La conversation s'engage sur nos collègues. Stefano évoque l'hypocrisie de Cyril et sa bêtise crasse. Je ne risque pas de le contredire. Lorsqu'il parle de l'admiration qu'il porte à Delamare, je l'interromps.

— Tu admires Delamare ?

— Oui, je crois… Cet homme est parti de rien quand même. Et aujourd'hui il a une entreprise qui marche, il crée de l'emploi. Il fait vivre très confortablement sa famille. Par les temps qui courent, c'est déjà pas si mal.

Oui, sauf qu'il n'est pas honnête et qu'il s'enrichit sur le dos des autres.

— Toi aussi, tu gagnes bien ta vie.

— Certes, mais moi, je n'ai rien créé.

— Tu es un très bon commercial.

— Ça, c'est vrai. Je sais très bien vendre.

Tandis que nous mangeons, la conversation tourne autour de ses divorces, de sa jeunesse, puis du golf.

— Et toi alors, comment t'es venue l'idée de pratiquer la *pole dance* ?

Nous y voilà ! Il fallait s'y attendre.

— C'est une amie qui m'a entraînée là-dedans.

— Ça fait longtemps ?

— Quelques mois...

— Et ton mari, il en pense quoi ?

— Je ne suis pas mariée.

— Ton compagnon.

— Hum... Pas grand-chose.

Mon hésitation me trahit.

— C'est pas vrai ! Tu ne lui as pas dit ?

— Non. Pas encore.

— Pourquoi ?

— Je ne sais pas. Peut-être parce que je n'ai pas l'intention de lui offrir un spectacle de moi...

— Et tu aimerais en faire bénéficier quelqu'un en particulier ?

— Peut-être. Faut voir...

Le regard de Stefano s'embrase et il me caresse la main. Le serveur apporte les desserts.

— Tiens, au fait, j'ai un petit cadeau pour toi, dit Stefano en fouillant la poche de sa veste de costume.

Il dépose sur la table un petit objet noir et rond.

— Qu'est-ce que c'est ?

— C'est un porte-clés électronique qui sonne et s'allume quand on siffle ou quand on l'appelle par son nom.

— Ça existe, ça ?

— La preuve. Tu le programmes et tu n'auras plus qu'à dire bien fort Pierre, Paul, ou Jacques… Bref, peu importe le nom que tu lui donnes, il s'allumera et émettra une petite sonnerie. Avec ce truc, tu pourras tout de suite mettre la main sur tes clés. Comme tes clés de voiture, par exemple.

Je me sens rougir.

— Merci. Ça va m'être très utile.

Nous sortons du restaurant et Stefano insiste pour me payer un Uber jusqu'au parking où est garée ma voiture. Quelle délicatesse !

— La prochaine fois, on dîne chez moi. D'accord ?

— D'accord, je réponds, sans même faire mine d'hésiter.

Il sourit, et tout en me tenant la main m'embrasse tendrement sur une joue, puis sur l'autre. Le chauffeur arrive. Stefano lui donne des espèces par la fenêtre. Jusqu'à Theuville, je suis en apesanteur. Je me sens belle, flattée qu'un homme qui a autant de classe et d'éducation s'intéresse à moi.

35

Ce soir, dans le RER, je n'ai pas sorti mon étole. Je ne me sens pas fatiguée. Au contraire, je suis fébrile. Ma vie s'apprête à prendre un virage et c'est très excitant, même si je ne sais pas encore comment je vais m'y prendre. Mon envie de tout bousculer, de dévier de cette ligne de vie ennuyeuse et rectiligne est trop forte pour passer à côté. Je sais désormais où ma nouvelle vie va commencer. À la *Maride-ti*.

Lorsque le vieux lion nous a annoncé que la propriété n'était pas à vendre, Virginie a avancé des arguments financiers. Mais l'argent n'est pas le moteur principal du vieillard. À 84 ans, il n'a pas d'héritier et se contente de très peu pour vivre. Je me suis alors montrée persuasive. Je lui ai dit qu'à sa mort (qui n'allait pas survenir avant au moins une bonne vingtaine d'années), l'État allait s'emparer de ses biens, et Dieu seul sait ce qu'ils en feraient. Alors que moi, j'avais l'intention de faire revivre cet endroit. L'ancienne distillerie serait transformée en une très belle boutique atelier, je ne toucherais pas aux murs ni aux volumes. *Idem* pour la maison, je n'engagerais pas de gros travaux, sauf sur la toiture qui menaçait de s'effondrer et qui allait bientôt être à sa charge. Enfin, quand je lui ai dit que je lui promettais de garder le même nom pour la propriété et que je m'engageais à exposer à l'entrée de la boutique une photo de sa sœur devant ses machines pour que chaque personne qui entrerait là sache qu'elle a existé, j'ai senti que l'argument faisait mouche, même si Sauvaire s'est contenté de grommeler qu'il avait promis à Marie qu'il ne vendrait jamais la maison. Je lui ai laissé mon numéro de mobile en espérant qu'il me donnerait le sien en retour, mais il m'a dit qu'il n'avait pas de téléphone, que pour le joindre il fallait laisser un message au bistrot.

J'ai bon espoir qu'il change d'avis. J'espère qu'un jour ou l'autre, il va y avoir un élément déclencheur qui va l'inciter à me téléphoner. En attendant, j'ai décidé d'appeler le troquet une fois par semaine pour me rappeler à son bon souvenir, d'autant plus que je sais que Toni, le patron, est de mon côté. Virginie a commencé le business plan de notre future entreprise. Elle devrait prochainement m'informer du montant dont nous avons besoin pour commencer. C'est là que ça va se corser... Elle a parlé du projet à Nicolas qui l'approuve à cent pour cent. Il lui a dit que je devrais en parler à Xavier dès que possible, que c'est tout de même mon compagnon et qu'il a le droit de savoir. Mais tant que rien n'est concret, j'ai décidé de ne rien lui dire. Inutile de créer une atmosphère délétère à la maison des mois à l'avance. En ce moment, l'ambiance n'est pas trop mauvaise, voire plutôt bonne. Même Alban est de bonne humeur. Il se montre incroyablement gai et serviable. Mes nouveaux projets, la perspective d'une nouvelle vie me rendent sans doute plus... cool et mon entourage doit le sentir. Je crains que Xavier s'imagine que je suis stimulée par son idée de restaurant et de nouveau départ. Le pauvre... s'il savait. Ces derniers jours, il a fait plusieurs tentatives pour qu'on fasse l'amour. Mais je n'ai plus du tout envie de lui et je ne compte pas me forcer. C'est étrange, mais j'ai l'impression que si je faisais l'amour avec Xavier, je trahirais Stefano. Je veux me réserver pour lui, me préserver de tout autre mâle. Je me laisse aller à des fantasmes inavouables. Je suis sûre que faire l'amour avec lui va me laisser un souvenir impérissable et je veux aborder notre première fois avec appétit.

Plongée dans mes pensées, je descends du wagon, regagne à pied mon véhicule, adresse un salut rapide à Jacqueline, parviens devant mon immeuble, me gare place 73, pénètre dans l'ascenseur. Tout aussi machinalement, j'introduis la clé dans la serrure, tout en me demandant si je vais trouver Alban à la maison ou s'il sera sorti, quand un bruit retient mon attention. Je tends l'oreille. Ce n'est pas possible ! Les canaris de Mme Brunovitch gazouillent à plein régime ! Je laisse tomber mon sac par terre et tambourine comme une furie à la porte de ma voisine. Depuis le palier, je reconnais sa petite voix aiguë.

— Voilà, voilà, j'arrive !

La porte s'ouvre énergiquement et Mme Brunovitch se tient là, devant moi. Elle porte une robe d'intérieur en mousseline mauve ornée de dentelle blanche au col et aux manches. Très bronzée, elle n'est pas maquillée, hormis du gloss à lèvres à paillettes roses. On dirait qu'elle a rajeuni d'une dizaine d'années.

— Ah ! C'est vous, ma petite Claire ! Entrez, entrez...

Elle s'efface pour me laisser passer avant de refermer la porte. Les canaris sont dans leur cage comme s'ils n'en étaient jamais sortis.

— Asseyez-vous, je vais nous chercher quelque chose à boire.

Je suis sidérée de la revoir et tout aussi sidérée par son attitude, celle d'une femme qui n'aurait pas disparu pendant un mois et demi sans laisser d'adresse. Je me laisse tomber dans un fauteuil en velours, près d'une petite table basse en plastique. Mme Brunovitch revient avec deux verres et une bouteille de Coca.

— Je suis désolée, je n'ai que ça. Je suis rentrée tout à l'heure et je n'ai pas eu le temps de faire les courses, glousse-t-elle. Alors, quoi de neuf ? Dites-moi, c'est vous qui avez mes palmiers nains ?

— Oui.

— Oh, formidable ! C'est que je me suis fait du souci pour eux.

— Madame Brunovitch, dis-je d'un ton grave, puis-je savoir où vous étiez passée ?

— Eh bien, figurez-vous, c'est une histoire incroyable !

— Mais encore ? Vous savez que je me suis inquiétée pour vous ? J'ai cru qu'il vous était arrivé quelque chose ! Je vous ai cherchée partout, et vous croyant morte dans votre appartement, j'ai fait ouvrir votre porte par un voisin. Je suis même allée voir la police !

— La police ! Oh, comme c'est gentil, il ne fallait pas. Surtout qu'ils ne risquaient pas de me retrouver, rigole-t-elle.

— Alors, vous étiez où ?

— J'étais en Indonésie.

— En Indonésie ?

— Oui, avec Taufik. C'est mon amoureux. On va se marier.

— Mais...

— Je sais, c'est assez soudain, mais voyez-vous, j'ai tout de suite compris qu'il s'agissait du grand amour quand je l'ai vu chez *Darty* la première fois...

— Chez *Darty* ?

— Oui, il est vendeur au rayon électroménager. J'ai eu l'occasion de lui parler plusieurs fois à l'époque où j'ai changé d'épilateur, et on a fait plus ample connaissance au moment où j'étais intéressée par le Taïzon. Lui aussi ressentait exactement la même chose que moi, sans oser me l'avouer... Et puis il y a un mois et demi, enfin presque, il m'a dit qu'il n'allait pas me revoir avant un bon moment, que le temps allait lui sembler affreusement long, qu'il attendait pourtant ce voyage qui le ramenait tous les trois ans vers sa famille avec une grande impatience, mais que pour la première fois, cela allait lui sembler pire que le chemin de croix. Et là, tout à trac, il m'a demandé si je voulais m'envoler avec lui. Il partait le soir même. J'ai dit oui. À partir de ce moment-là, ça a été la course contre la montre. J'ai fait ma valise en quelques minutes. Heureusement que mon passeport était encore valide et que j'ai pu acheter un visa à l'arrivée !

— Et vos canaris ? Ils étaient où pendant ce temps ?

— Ma sœur est venue les chercher.

— Donc, vous êtes partie à l'autre bout du monde avec un parfait inconnu ?

— Qu'est-ce que vous racontez ? Ce n'était pas un inconnu. On s'était vus plusieurs fois.

— Oui, mais jamais en dehors du magasin.

— Peuh ! Qu'est-ce que ça peut faire ? Là ou ailleurs... La preuve, c'est que nous nous sommes très bien entendus. D'ailleurs, il a dit à sa famille que nous étions mariés. Il a pris un peu d'avance sur la vérité. On nous a collés dans la même chambre et je peux vous dire qu'il a aussi pris de l'avance sur la nuit de noces, pouffe-t-elle. À ce sujet, là non plus je ne m'étais pas trompée, un véritable feu d'artifice ! Enfin, j'imagine qu'avec votre Xavier, vous savez ce que c'est, mais moi qui suis veuve depuis sept ans, je peux vous dire que ça m'a bien ramoné la cheminée !

J'éclate de rire.

— Effectivement, je ne vous ai jamais vue aussi épanouie !

— Ah, vous voyez !

— Et il a quel âge ?

— 52 ans. Pile dix ans de moins que moi. Lui aussi est veuf. Il a deux enfants, des grands enfants, hein ! Vous vous rendez compte, me voilà belle-mère !

36

Depuis la grille d'entrée, la résidence dans laquelle habite Stefano a l'air très cossue. Deux immeubles de haut standing sont disséminés dans un parc verdoyant et arboré. Est-ce que je ne devrais pas faire demi-tour et rentrer chez moi ? C'est la question qui tourne en boucle dans ma tête, avec encore plus de force depuis que je me suis garée. En acceptant ce dîner chez lui, j'ai aussi accepté de coucher avec lui. On sait très bien qu'on ne se voit pas pour s'en mettre plein la lampe. J'ai beau essayer de me concentrer sur autre chose que sur les heures à venir, j'ai le ventre noué par la trouille. C'est stupide.

Au pire, que peut-il m'arriver si ce n'est que je sois déçue au final ? En fait, le pire serait que je ne le fasse pas bander ! Je n'ai aucune idée de ce que peut être mon corps dans le regard d'un autre homme que Xavier. La dernière fois qu'un autre homme que lui m'a touchée, c'était il y a... il y a... une éternité ! Je n'ai jamais trompé Xavier. C'est angoissant. Je ne suis pas vieille, mais je ne suis plus de première fraîcheur. Mes battements cardiaques s'accélèrent. C'est horrible ! Mais qu'est-ce que je fais là ? Je suis folle de me mettre dans une situation pareille ! Est-ce que je sais seulement encore faire l'amour ? Virginie a eu beau me dire que c'est comme le vélo, que ça ne s'oublie pas, je suis persuadée que le manque de pratique et l'habitude vous rouillent le corps. Je relis le SMS que Stefano m'a envoyé alors que j'étais encore en chemin : *« 17, rue des Églantiers. Code grille : 2418B. Immeuble C, au fond du jardin. Code 5689A. Je t'attends... »*

Le lieu est ultrasécurisé. Je compose le code de la grille qui se déverrouille immédiatement dans un petit cliquetis. Je progresse lentement dans le jardin. Les pelouses sont tondues et propres. Pas un détritus ne jonche le sol. Les arbustes sont taillés, prêts pour la prochaine floraison. C'est très différent de ma résidence pourrie de Theuville. Qu'il doit être bon de vivre dans cet endroit, surtout au printemps ! Plus je progresse, plus ma présence en ce lieu me paraît incongrue. Ce n'est pas le luxe qui me gêne, mais le sentiment que mon désir pour Stefano, encore si vif hier, se soit complètement émoussé. Ce n'est sûrement qu'une impression. Je suis paralysée par l'angoisse, voilà ce qui se passe, mais au point où j'en suis, je dois aller au bout.

J'entre le code de l'immeuble. Le hall est spacieux. Miroir, marbre, lustre, dorures, il ne manque rien. Devant l'interphone, j'hésite. Il est encore temps de rebrousser chemin, de dire que j'ai eu un empêchement de dernière minute. Non, c'est idiot. J'ai tout fait pour séduire Stefano. Il n'y a pas encore si longtemps, j'étais persuadée qu'il ne pourrait jamais s'intéresser à moi. Je veux changer de vie, quitter Xavier, devenir une femme libre, libre de vivre seule, libre de coucher avec qui je veux, quand je veux. Je dois assumer mes désirs ! Je ne suis plus une gamine.

Je repère son nom et appuie sur le bouton d'appel correspondant. Les secondes s'étirent.

— Claire ?

— Oui.

— C'est au cinquième étage, à droite.

Je pousse la porte et pénètre dans l'ascenseur. Cette fois, je ne peux plus reculer. Je jette un dernier regard à mon reflet dans le miroir, assez satisfaite de l'effet. Ma robe noire me va bien, et mon maquillage discret met en valeur l'ovale de mon visage. J'ai bien pris soin de mettre juste ce qu'il faut de rouge à lèvres avant de le tamponner avec un mouchoir en papier. J'ai le cœur qui bat à toute vitesse. C'est effrayant mais que c'est bon de vivre ça ! Je me sens comme une adolescente qui retrouverait son premier amour.

Stefano ouvre la porte au moment où je sors de la cabine. Il me sourit. Je le trouve beau. Il porte un pull col roulé noir et un pantalon de velours anthracite. Il est pieds nus. Il m'invite à entrer, referme la porte, et sans un mot m'enlace. Il m'embrasse le cou avec beaucoup de douceur. Il sent bon. Son souffle me donne des frissons. Je sens toute la concupiscence de ces derniers jours renaître en moi d'un seul coup. Au bout d'un instant qui me paraît trop court, il se détache de moi et m'aide à retirer mon manteau. Il l'accroche à la patère.

— Tu n'as pas mis trop de temps pour venir ?

— Non, ça va.

Alors que du regard je parcours ce que je vois de l'appartement, à savoir le salon, Stefano me demande :

— Je peux te demander de retirer tes bottes ?

— Euh… oui, bien sûr.

— Je ne supporte pas qu'on marche à l'intérieur avec des chaussures. L'idée de mettre des microbes sur le sol me dégoûte, explique-t-il tandis que je me déchausse. Dehors, entre les crachats et l'urine de chien, c'est vraiment crade. Ici, je suis tout le temps nu-pieds, alors tu comprends…

— Oui, pas de souci, je réponds en déposant mes bottes près de la porte.

— Je t'en prie, fais comme chez toi, me dit-il en faisant un geste pour m'inviter à le précéder.

Le salon s'ouvre sur une partie salle à manger, elle-même ouverte sur la cuisine. Il n'y a pas vraiment de décoration, hormis un tableau représentant un chêne sur le bord d'une route. Les murs sont blancs, le parquet gris clair. Heureusement, les éclairages indirects sont assez chaleureux. Il n'y a absolument rien qui traîne. Seuls trois vases vides de tailles décroissantes sont posés sur une console. Pendant une seconde, je me demande si nous sommes chez lui ou dans un appartement témoin. La table est dressée sans fioritures. Des assiettes simples d'un gris uni et des verres en cristal, d'après ce que je peux en juger. Pas une bougie. Et la cuisine est immaculée.

— Champagne ?

— Oui, je veux bien.

Il ouvre le frigo. J'ai le temps de constater que même à l'intérieur du frigidaire, tout est au carré. Les yaourts sont bien alignés et classés par couleurs. Stefano serait-il maniaque ? Je pense à ses dossiers au bureau. Il est vrai qu'ils sont impeccables. Le nom du client est toujours inscrit en lettres capitales noires tracées à la règle sur la première de couverture, les documents sont systématiquement classés selon la même logique, et il ne manque jamais une pièce. Jusqu'à maintenant, j'avais mis ça sur le compte de son professionnalisme.

Il sert deux flûtes et se dirige vers le canapé. Je lui embraye le pas.

— Tu es belle. Cette robe te va à merveille, me dit-il en me tendant mon verre.

Je souris.

— Merci…

Je m'assieds à côté de lui. Le compliment a l'air sincère. Et même si ça ne l'est pas, ça fait plaisir quand même. Je vide ma flûte d'un seul coup. Je ne voulais pas faire ça mais je ne sais pas ce qui m'a pris. Le stress sans doute.

— C'est un champagne millésimé. Je te ressers parce que je crois que là, tu n'as pas eu le temps de l'apprécier.

Je sens que je rougis. Quelle honte ! Je vais passer pour une alcoolique. Nous échangeons des banalités. Il me parle d'un ancien client de Cyril dont il a récupéré le dossier. Je ne suis pas venue chez lui pour parler boulot, mais je ne le lui fais pas remarquer.

— Qu'as-tu préparé pour dîner ? je demande pour changer de sujet.

— Des magrets de canard…

— C'est toi qui les as préparés ? La cuisine est si propre qu'on la croirait sortie d'usine.

— C'est normal. Je ne laisse jamais un plan de travail sale. Une place pour chaque chose et chaque chose à sa place. Je n'aime pas le désordre.

Oui, j'avais remarqué. Tu sembles avoir un petit problème…

37

Il faut que je ralentisse. Les quais de Seine déserts, ça incite à la vitesse. Je roule à tombeau ouvert et je risque de me faire flasher. Ça serait le pompon de finir cette nuit par un retrait de points. Je lève le pied de l'accélérateur. J'inspire profondément pour tenter de me calmer. Cela n'a d'autre effet que de faire rouler sur ma joue une larme de honte et de déception. Je l'essuie d'un geste rageur. J'aimerais tant pouvoir appeler Virginie, mais il est 2 h 30 du matin...

Quel fiasco !

Les premiers mots se glissent entre mes mâchoires serrées.

— Non mais tu te rends compte ? Je me suis foutue dans une belle merde !

Jacqueline reste imperturbable. Sa présence me donne au moins le sentiment que je ne suis pas seule ni complètement folle.

— Au début, on était assis sur le canapé. Je l'ai écouté me parler du boulot pendant au moins vingt bonnes minutes, puis de son frère, de son tailleur, des bagnoles qu'il a eues, de sa première femme, puis de la deuxième...

Sa conversation n'avait rien de passionnant, et j'ai pensé que si je devais entendre ça pendant tout le dîner, à la fin, je serais tout à fait refroidie. Et puis ses baisers dans le cou à mon arrivée avaient un goût de trop peu. Ses paroles sonnaient creux mais son charme, sa prestance, sa confiance en lui opéraient quand même encore. Mais pour combien de temps ? Je me suis dit qu'il fallait à tout prix éluder le repas. En plus, je ne suis pas fan des magrets de canard... Alors, je me suis rapprochée de lui. J'ai collé mon genou au sien, j'ai adopté une attitude languissante, je l'ai regardé avec des yeux de chatte. Enfin, je crois. Ça faisait tellement longtemps que je n'avais pas minaudé comme ça. D'ailleurs, heureusement que j'avais bu trois flûtes de champagne, ça m'a aidée. En tout cas, il a compris le message. On a commencé à s'embrasser. C'était vraiment très bien. Il était doux, délicat, très sensuel... Franchement, c'était super. Il me caressait les seins, les hanches, rien à redire. Quand il a glissé sa main sous ma robe, c'était comme si mon corps se réveillait d'un long engourdissement. Je le désirais très fort. Lui aussi, d'après ce que je sentais contre ma cuisse. Il murmurait dans mon oreille des mots italiens que je ne comprenais pas, mais cela contribuait à rendre ce moment encore plus sensuel. On s'est câlinés comme ça pendant un moment, je ne sais pas combien de temps, mais on était bien. Je pense qu'à ce moment-là, chacun était au diapason de l'autre. Cela promettait d'être une nuit intense...

Je stoppe à un feu. Une voiture s'arrête à côté de moi. À travers la vitre de sa fenêtre, le conducteur fixe Jacqueline. Puis moi. Le feu passe au vert. Il redémarre. Je lui laisse prendre un peu de distance. On ne sait jamais. Après tout, je suis une femme seule qui roule au milieu de la nuit dans une banlieue qui, au fil des kilomètres, devient de moins en moins hospitalière. Il me reste un peu moins de vingt kilomètres à parcourir. Jacqueline semble attendre la fin de l'histoire, enfin, c'est ce dont je veux me persuader car c'est surtout de la suite que je veux me décharger.

— C'est là que ça s'est corsé. Il a pris ma main et m'a entraînée vers la chambre alors qu'on aurait très bien pu rester sur le canapé. Changer de place… ça plombe la volupté du moment, mais admettons. Heureusement, on n'a pas eu à faire trois cents mètres à pied. Sauf qu'arrivés dans la chambre, au lieu de poursuivre immédiatement sur le lit, il a ouvert les draps. Ça m'a paru bizarre. Et le pire : il a allumé la lumière. Et je peux te dire que ce n'était pas la lampe de chevet ou une petite liseuse, non, c'était un grand lampadaire situé dans un angle de la pièce et agrémenté de trois gros spots ! Alors là, pour casser l'ambiance, il n'y a rien de mieux. Mais c'est pas fini. Il a commencé à se déshabiller. Le pantalon d'abord, tout l'inverse de ce qu'il faut faire. Il l'a plié méticuleusement puis a ouvert sa penderie pour prendre un cintre, et avec lenteur l'a déposé dessus avant d'en lisser les plis et de le ranger en bonne place. Puis il a retiré son col roulé, l'a plié, a ouvert un autre battant de la penderie et l'a disposé avec un soin particulier sur une étagère. Ensuite, il a ôté son tee-shirt et son caleçon et, dans le plus simple appareil, a traversé la pièce pour les jeter dans une panière en osier. De surprise et de dépit à la fois, j'étais tombée assise sur le lit. Quand enfin il s'est retourné vers moi, il m'a dit :

« Ben ! Tu ne te déshabilles pas ? » J'ai été incapable de répondre quoi que ce soit. Il fallait d'abord que j'absorbe l'onde de choc de voir un autre corps que celui de Xavier, debout devant moi, nu comme un ver dans la lumière crue. Certes, c'était un corps encore ferme, aux formes harmonieuses, que la vieillesse avait à peine commencé à flétrir, mais ce manque de pudeur avait quelque chose d'obscène. Il ne bandait plus. Nous n'étions pas dans un jeu sexuel. L'absurdité de la situation m'a laissée muette. J'oscillais entre partir en courant ou éclater de rire. Mon envie de lui était complètement retombée. Je devais afficher une mine consternée et je crois que Stefano a compris mon silence, tout du moins en partie. Il m'a dit qu'il était désolé de m'avoir imposé cet « intermède », c'est exactement le mot qu'il a employé, mais qu'il n'aurait pas été au meilleur de sa forme s'il avait laissé ses vêtements traîner par terre. Et moi ? Il ne s'est pas demandé un seul instant dans quel état allait me transporter son « intermède ».

Je suis en train de crier. Stoïque, Jacqueline ne moufte pas. Il faut que je me calme, ce n'est pas bon de s'énerver en conduisant. On devient moins attentif.

— Je ne vais pas nous foutre en l'air pour une banale histoire de fesses, tout de même ? je lui demande en la regardant. Tu ne réponds pas ? Ben non, bien sûr. Tu te fiches de ma conduite, je parie que le seul truc qui t'intéresse, c'est la suite de l'histoire... Tu vas voir, c'est pas glorieux... À ce moment-là, je me demandais vraiment ce que je faisais là. J'avais envie de rentrer à la maison mais je ne voulais pas le vexer ni être trop brutale. Je n'ai pas eu le temps de dire quoi que ce soit. Il m'a poussée à m'allonger.

Il s'est couché à côté de moi et m'a murmuré : « Excuse-moi, j'ai mes petites manies ! Ne t'inquiète pas, je vais te réchauffer à nouveau. » J'ai pensé que, peut-être, il allait y arriver. Mais il n'y a que lui qui s'est réchauffé ! Oh, il n'y a rien à dire, c'est un amant attentionné, mais... comment dire... je n'ai pas pu voir autre chose dans tous ses gestes que l'application du méticuleux. Je n'ai pas pris de plaisir du tout, j'ai simulé et je n'avais qu'une envie : que ça se termine. C'est terrible ! J'ai eu l'impression que ça durait des heures ! Pour un homme de son âge, il a de l'endurance. On voit que c'est un sportif. Plein de trucs me sont venus à l'esprit : que la décoration de sa chambre était triste, que Xavier me connaissait mieux que quiconque, que j'étais stupide de coucher avec un collègue, que j'allais devoir boire trois litres d'eau demain pour éviter une infection urinaire... Le moment présent se jouait sans moi. Après, je me suis rapidement rhabillée en lui disant qu'il fallait que je rentre, que mon mari m'attendait. « Tiens, c'est ton mari maintenant ? Je croyais qu'il n'était que ton concubin ! » Stefano est intelligent. Il a dû sentir mon besoin urgent de me mettre en sécurité, de me blottir dans les bras de l'habitude. Il m'a demandé si je voulais prendre une douche. J'ai refusé. J'ai refusé aussi le dîner. Quand il a dit : « C'est dommage », il m'a presque fait de la peine. Il avait dû mettre des heures à cuisiner. Mais c'est de sa faute, aussi ! On ne se met pas à plier ses affaires en plein milieu d'une première fois ! Ça, c'est après des années de mariage, et encore ! L'amour à la papy, mamy, non merci ! Quel con ! Il a tout gâché ! Quand je pense que cela avait si bien commencé ! J'ai dû lui donner l'impression de partir comme une voleuse. Il a tout de même été correct, poli et galant jusqu'au bout. Il m'a même proposé de me ramener...

C'est la catastrophe. Comment je vais faire au boulot maintenant ? Je ne veux plus jamais coucher avec lui. « Stefano, tu es un type bien mais ce qui s'est passé entre nous est un accident de parcours... » Peut-il entendre ça ? J'observe le profil de Jacqueline. Pfff ! Je suis tombée bien bas. Je suis en train de parler à une marionnette. Il faut admettre que je me sens mieux maintenant que je lui ai confié toute mon amertume, même si elle ne comprend rien. Et au moins je suis certaine que jamais secret ne sera mieux gardé.

— Tu veux que je te dise ? Je suis dans la merde !

38

Deux mois plus tard, ma situation est plus critique que jamais. Stefano a mis plus de trois semaines à comprendre qu'il n'y aurait pas de deuxième fois. Au départ, il s'est montré attentionné et m'offrait des fleurs. Il est loin d'être bête. Sans que je lui dise quoi que ce soit à propos de notre soirée, il a aussi compris ce qui m'avait déplu et m'a demandé de lui laisser une seconde chance. « Promis, la prochaine fois, je te recevrai en peignoir ! »

Mais cela ne m'a pas convaincue. Alors son attitude a changé. Maintenant, il se montre sec, agressif et parfois méprisant. C'est devenu difficile de travailler avec lui, mais comment lui en vouloir ? Je l'ai blessé dans son amour-propre. Entre lui et Cyril, qui n'arrête pas de me charrier parce qu'il me prend pour une suceuse, je suis dans un climat de travail extrêmement asphyxiant. Sans compter Delamare qui, égal à lui-même, passe son temps à hurler sur tout le monde. Là, il est en rendez-vous à l'extérieur et il doit rentrer en fin d'après-midi. D'ailleurs, je l'attends. Hier, j'ai reçu ma feuille de paye, et mes heures supplémentaires n'y figuraient pas. Je veux savoir pourquoi, d'autant plus qu'il m'a fait le même coup le mois dernier. J'ai tenté de lui demander une explication, mais il sait très bien éviter les conversations qui fâchent. Il fait toujours celui qui est très occupé, qui n'a pas une minute devant lui, qui ne peut pas se poser. Ça suffit. On est vendredi, et je ne passerai pas le week-end sans savoir ce qu'il en retourne. Ces derniers temps, j'ai fait énormément d'heures supplémentaires et je ne compte pas laisser passer ça. Je n'ai pas travaillé pour rien. Bon, d'accord, j'ai aussi récupéré de nombreuses enveloppes. Valéria a développé une infection nosocomiale suite à son opération, ce qui a retardé son retour. Je me demande bien quand elle va revenir.

À la maison, je range l'argent dans une boîte à chaussures que je glisse parmi les autres. Ça commence à faire une coquette somme, pas de quoi cependant me lancer dans autre chose. D'après les calculs de Virginie, entre les travaux à engager à la *Maride-ti*, l'investissement en communication, plus l'achat des matières premières, il ne nous faut pas moins de cent quatre-vingt mille euros, et encore, en tirant tous les prix vers le bas. J'ignore combien de temps je vais pouvoir tenir comme ça. Je suis épuisée nerveusement et physiquement.

Heureusement, Xavier se montre très gentil. Il est aux petits soins avec moi. Par faiblesse, et parce que je suis tellement fatiguée, je me laisse parfois aller à apprécier ses attentions en me montrant aimable avec lui. Il y a quatre jours, nous avons failli faire l'amour. J'en avais envie mais je l'ai finalement repoussé, ne voulant pas lui donner de faux espoirs. Je ne sais pas comment mon désir pour lui, enterré depuis presque deux ans, a refait surface.

Xavier s'est déshabillé devant moi au moment de prendre sa douche et j'ai retrouvé dans le haut de son corps, ses épaules, son cou ce qui m'avait plu vingt-deux ans plus tôt. Est-ce le résultat de ses efforts sportifs pour retrouver son corps d'homme jeune ? Ou aurais-je retiré les œillères qui, tous ces derniers mois, m'obstruaient la vue ? Il s'est aperçu que je le regardais et s'est mis à faire le crâneur en bougeant ses pectoraux plusieurs fois de suite. Ça m'a fait rire. Plus tard, dans la chaleur de la couette, il s'est rapproché de moi tout en douceur. J'ai prétendu que j'étais fatiguée. Il n'a rien dit mais sa déception était palpable. J'avais envie de le prendre dans mes bras, mais je me suis retenue.

Ah ! Voilà le patron ! Il traverse l'accueil d'un pas rapide tout en enlevant son manteau.

— Rien de spécial à signaler ? me demande-t-il sans attendre la réponse.

— Non. Monsieur Delamare, il faut que je vous parle, dis-je en lui courant après.

— Plus tard. J'ai une *conf call* très importante.

Je retourne bredouille derrière mon PC. Est-ce qu'il a vraiment une réunion téléphonique ou est-ce une excuse bidon ? Je m'en fous, je resterai là jusqu'à ce que je lui aie parlé. Trois heures s'écoulent. Heureusement que j'ai suffisamment de travail pour pouvoir m'occuper. Tout le monde est parti et comme d'habitude, je suis comme une cruche coincée entre ces murs. Bon, je ne vais pas passer la nuit ici ! Je me dirige vers son bureau et frappe à la porte.

— Qui est-ce ?

— C'est Claire.

— Entrez !

Il ne m'accorde pas un regard. Il fume un cigare énorme qui empeste dans toute la pièce et semble absorbé par quelque chose sur son mobile. Vu sa tête et son sourire lubrique, ça n'a pas l'air d'être professionnel. Enfin, il lève la tête vers moi.

— Qu'est-ce qu'il y a ? Vous avez eu un problème avec une enveloppe ?

— Non, pas du tout.

— Bon, alors, qu'est-ce que vous voulez ?

— C'est à propos de ma feuille de paye…

— Qu'est-ce qu'elle a, votre feuille de paye ?

— Eh bien, il n'y a pas mes heures supplémentaires dessus. Et le mois dernier, c'était la même chose…

— Vos heures supplémentaires ?

— Oui.

Il m'observe en silence plusieurs longues secondes et éclate de rire. Je reste stoïque. Je ne vois pas ce qu'il y a de drôle.

— C'est une plaisanterie ? ricane-t-il.

— Non, pas du tout. J'ai fait énormément d'heures en plus et je dois être payée comme c'était convenu.

— Convenu avec qui ?

— Mais… avec vous ! On en avait parlé, et vous vous êtes engagé à me payer les heures supplémentaires se rapportant au remplacement de Valéria, ainsi que les heures que je dois faire en plus pour rattraper le temps passé à courir Paris pour les enveloppes !

— Aucun souvenir, balance-t-il.

Mes jambes se mettent à flageoler tandis qu'un nœud épais se forme dans mon ventre. Ce n'est pas possible. Ce salopard m'aurait-il dupée ? Il n'aurait donc jamais eu l'intention de me payer ? Je suis la plus grosse niaise qui puisse exister. Ce n'est pas faute d'avoir été prévenue. Même ce con de Cyril savait que j'allais me faire avoir ! Je ne suis qu'une dinde crédule et stupide.

— C'est dégueulasse, dis-je entre larmes et colère.

Espèce de connard !

— Dégueulasse ? Vous êtes injuste. Combien d'argent avez-vous gagné depuis le début avec notre trafic, hein ? Je n'ai pas compté mais ça doit faire un sacré paquet. Net d'impôt, en plus. Et puis vous êtes cadre, il n'y a pas d'heures sup pour les cadres...

— Je ne suis pas cadre ! Vous n'avez jamais voulu me faire passer cadre, car ça vous coûte trop cher en cotisations patronales ! Ce qui veut dire que je ne toucherai jamais une retraite de cadre. En plus, vous refusez de payer mes heures sup. Ce n'est pas possible !

Il se lève d'un coup et me beugle dessus.

— Bon, je vais vous dire une chose : vous m'emmerdez, Claire. Alors soit vous acceptez votre sort, soit non seulement j'accorde ma confiance à quelqu'un d'autre pour les enveloppes, mais en plus je vous vire ! C'est compris ?

Dans sa rage, son cigare roule à côté du cendrier et brûle son sous-main en cuir. Je sors du bureau sans un mot. Je ne peux pas rester une seconde de plus dans cette entreprise. À l'accueil, je ramasse vite fait mes affaires et me jette dans la rue sans avoir éteint les lumières ni mon ordinateur.

Je parcours le chemin jusqu'à la station du RER dans un état second. Je hais ce connard ! Je le hais. J'ai envie de hurler de rage ! Attends ! Tu vas voir... À partir de lundi, fini les heures supplémentaires. Terminé. Macache. J'arrive à 9 heures, et à 17 h 30 il n'y a plus personne. Et je prends ma pause déjeuner ! Tu vas voir, espèce d'enflure, tout le boulot laissé de côté ! Et puis tes petites magouilles... tu vas voir... Attends, j'ai une idée ! Et si j'allais voir la police ? Cette idée m'arrête net. Si je leur disais tout ? Ha, ha ! Il ferait une sacrée tête Delamare, hein ? Tout son pognon saisi ! Sa boîte fermée ! Contrôle fiscal, amende, prison avec sursis et *tutti quanti* ! Et peut-être de la prison ferme, pourquoi pas ? Je pourrais même en rajouter une couche, dire qu'il s'est montré très menaçant, qu'il a employé la force pour que je trempe dans ses manigances. Autant charger la mule au maximum. Ça sera sa parole contre la mienne. Et qui croira-t-on, entre une employée modèle dont personne n'a jamais eu à se plaindre et un patron véreux ? Hé, hé... Attends, mon petit bonhomme, tu ne vas pas avoir besoin de me virer, comme tu dis ! Dès demain, on va bien rigoler, je vais voir les flics et je leur balance tout !

39

Lorsque j'arrive à la maison, plus de deux heures plus tard, je ne suis pas calmée. Xavier s'affaire en cuisine.

— Je suis désolé, j'avais fait des cannellonis fourrés aux épinards et à la ricotta, mais Alban a tout mangé ! Il vient de sortir, il était avec Léane. Je te prépare vite fait quelque chose.

— J'ai pas faim !

Je cours dans la salle de bains et claque la porte. Tout en me savonnant les mains, je croise mon reflet dans le miroir et tout ce que je vois, c'est une pauvre fille qui bosse depuis des mois comme une dératée, pour rien, qui n'arrivera jamais à se sortir de cette vie, qui restera toujours là, dans sa banlieue pourrie, à croiser les mêmes visages le matin dans le train, jusqu'à ce que la vieillesse et la connerie la poussent dans la tombe. J'éclate en sanglots. Je me laisse tomber à genoux sur le tapis de bain. Je suis une vraie fontaine. Je ne peux plus m'arrêter. Je pleure, je hoquette, je geins. Xavier entre sans frapper. Son visage est décomposé et il semble très inquiet de me voir si bouleversée. Mais il ne me demande pas tout de suite ce qui me met dans cet état.

— Viens, tu ne peux pas rester là...

Il m'aide à me relever et, m'enlaçant par la taille, m'accompagne jusque dans la chambre. Je m'assieds sur le lit.

— Ne bouge pas, j'arrive.

Il revient avec du Sopalin (il faut au moins ça) et un gant mouillé d'eau froide.

— Tiens, dit-il en me tendant le papier.

Je me mouche bruyamment. Avec mille précautions, comme si je menaçais de m'effriter, il me tamponne le front avec le gant. La fraîcheur m'apaise un peu, mais, immédiatement, une pensée éclate dans mon cerveau. J'ai trompé Xavier et je ne mérite pas son attention. J'éclate en sanglots une seconde fois. Il s'assied à côté de moi.

— Voilà… tout doux, murmure-t-il en me berçant.

Des réminiscences du père qu'il était lorsque Alban n'était encore qu'un bébé resurgissent. C'est vrai qu'il était attentionné. Il s'occupait bien de lui et c'est toujours un bon père aujourd'hui. Certes, il a eu un passage à vide, mais à qui cela n'arrive-t-il pas ? J'ai été dure. Inflexible. Pourquoi à ce point ? Parce que ma vie est difficile, exténuante, inintéressante ?

— Bon, me dit-il paisiblement, est-ce que tu veux bien me dire ce qui se passe ?

J'hésite.

— On partage tout, Claire. Le meilleur mais aussi le pire, comme c'est inscrit dans le contrat.

— On n'est pas mariés, je bafouille.

— C'est tout comme. D'ailleurs, est-ce que tu sais pourquoi on ne s'est jamais mariés ? Je pense qu'on devrait se poser sérieusement la question…

Il me regarde, les yeux emplis d'amour et d'attente craintive. Je ne peux pas le laisser dans l'ignorance. Alors, en tentant de canaliser mes émotions pour éviter que mon discours soit incompréhensible, je lui raconte tout. Les heures supplémentaires non payées, les trajets dans Paris pour aller chercher les dessous-de-table, le projet de créer ma boîte et de m'associer avec Virginie, mon coup de cœur pour la maison en Provence. Je m'arrête juste à temps au moment d'évoquer Stefano. C'est peut-être la seule chose à ne pas dire. Finalement, ce n'est pas très important. Je crois même que cet écart de conduite m'a rapprochée de Xavier plutôt que le contraire. Mais lui ne verrait sans doute pas ça du même œil et cette unique soirée pourrait entacher à jamais notre avenir, si toutefois il y a encore quelque chose à bâtir.

— Et nous, dans tout ça ?

— ...

— Claire, et nous ?

— Tu ne faisais pas partie de mon futur.

— « Faisais... » Dois-je comprendre que tu viens de changer d'avis ?

— Non. Enfin, je ne crois pas. J'en parle au passé, car tout me semble bien compromis.

— À cause de tes heures supplémentaires non payées ? Tu penses vraiment que c'est ça qui allait changer la donne ?

— Ben, quand même, ça contribuait à financer le projet...

Il secoue la tête. Les épaules rentrées, les coudes posés sur ses genoux, il joue nerveusement avec ses doigts. Je suis sûre que l'envie de fumer le démange mais je sais qu'il va résister. Un moment s'écoule en silence, seulement ponctué par le chuintement de mon nez gonflé par les pleurs.

— Xavier, dis quelque chose…

— …

— Xavier…

— Que veux-tu que je te dise ? J'ai mal. Depuis des mois, tu prépares ton projet, tu y penses, tu t'organises, tu vas même jusqu'en Provence en me faisant croire que tu es à Cannes chez Virginie. Tout ça dans mon dos. C'est comme si je n'existais pas, comme si j'étais quantité négligeable…

— J'ai voulu te le dire…

— Mais tu ne l'as pas fait. Pourquoi ?

— Parce que je pensais que ça ne servait à rien de t'en parler tant qu'il n'y avait rien de concret. Crois-tu vraiment qu'on aurait continué à vivre ensemble quand tu aurais su que j'allais partir ? Comment on aurait pu faire face à ça sans heurt ?

— Il y aurait certainement eu des disputes, mais peut-être que ça aurait permis de sauver quelque chose. Les engueulades sont préférables au néant…

— Non ! je l'interromps. Pas pour moi ! Je n'aurais pas pu supporter les disputes ! Pas après mes journées de travail interminables, les heures de transport épuisantes, les corvées quotidiennes…

— Je vois ce que tu sous-entends ! Tu veux dire que pour moi qui ne travaille pas, qui reste à la maison sans rien foutre, ça aurait été plus facile ?

— Oui. Je suis désolée, mais c'est bien ça.

Xavier accuse le coup. Je poursuis d'une voix douce.

— Je suis épuisée, Xavier. Épuisée. Je ne trouve plus aucun sens à ma vie…

Je me sens misérable et la perspective de n'avoir aucune issue m'apparaît soudain très violemment. Je ne me sortirai pas de cette vie de merde. Je réprime un énorme spasme de douleur. Les sanglots ne sont pas loin, et les retenir me fait grimacer. Xavier tourne la tête vers moi.

— Oh, ma pauvre chérie, dit-il en me prenant dans ses bras.

Je me laisse aller à pleurer bruyamment contre son épaule. Il me serre fort et pour la première fois depuis longtemps j'ai l'impression de ne plus être seule, d'être comprise. Mes pleurs se calment. À mon tour, je le prends par la taille. Il me serre encore davantage. S'il continue, il va m'étouffer, mais je n'ose rien dire, car je viens de sentir une imperceptible secousse... Oui, c'est bien ça. Xavier pleure aussi. Nous restons plusieurs longues minutes ainsi, comme des statues figées, dans les bras l'un de l'autre pour l'éternité. Jusqu'au moment où Alban rentre à la maison.

— Y a quelqu'un ? crie-t-il.

On se détache l'un de l'autre à regret.

— Dans la chambre, répond Xavier.

Alban apparaît dans l'entrebâillement de la porte. Il avise son père, puis moi.

— Ben, qu'est-ce que vous avez ?

— Ta mère a des problèmes au boulot...

— Ben, c'est rien, ça ! Il suffit d'en changer !

— Justement, on était en train d'en discuter, dis-je.

— Super ! Maman, t'as pas vu mon tee-shirt noir et bleu ? Tu sais, celui où y a le lama qui fume un bédo ?

— Il est rangé dans ta penderie. Il n'y avait plus de place avec les tee-shirts, alors je l'ai mis avec les pulls.

— Cool ! Merci. Bon, je vais chez Léane, là…

Il part en direction de sa chambre.

— Et je vais dormir chez elle, poursuit-il.

Xavier et moi échangeons un regard.

— Il semble que ce soit une affaire qui roule avec Léane. Je pense que c'est la meilleure chose qui pouvait lui arriver, me dit-il en souriant.

— Je suis bien d'accord. Et à nous aussi !

Plus tard, alors que je suis allongée dans le lit à côté de Xavier, je tente de réfléchir à notre avenir. Est-ce que réellement je ne veux plus qu'il fasse partie de ma vie ? Je trouve encore la force de me projeter à la *Maride-ti*. Je m'imagine seule. Puis avec lui. Je crois que sa présence me réconforte. Je ne sais pas, c'est difficile d'y voir clair. Pour l'instant, j'ai surtout besoin de sommeil. Xavier ne dort pas. Le pauvre doit être en train d'essayer de digérer tout ce que je lui ai dit. C'est vrai que ça fait beaucoup d'un coup. Sous les draps, je cherche sa main. Lorsque je la trouve, je la presse dans la mienne pour essayer de soulager un peu sa douleur.

— Je savais que tu ne dormais pas, dit-il.

— Et comment tu le savais ?

— Tu ne ronflais pas.

Je me redresse d'un coup.

— Parce que je ronfle, moi ?

— Ben, oui ! Et même beaucoup !

— Ce n'est pas possible !

— Si, je t'assure. Tu fais comme ça…

Il imite un bruit, entre un goret et un moteur en panne. J'éclate de rire.

40

Le lendemain, nous nous réveillons en même temps. 10 h 50. Cela fait des années que je n'avais pas dormi aussi longtemps. Je me sens reposée mais la dispute avec Delamare me reste encore en travers de la gorge. Xavier saute du lit.

— Je vais te préparer ton petit déjeuner !

— Ce n'est pas la peine, je peux très bien me lever.

— Ça me fait plaisir !

— Bon... comme tu voudras.

Il sort de la chambre, et, une minute plus tard, je l'entends s'affairer en sifflotant. Soit il n'en a rien à foutre de ce que je lui ai dit hier, soit il nourrit l'espoir que tout va s'arranger. Je penche pour la seconde possibilité. Comment peut-il être d'un optimisme inébranlable au sujet de notre couple alors que je doute tant ? Je m'étire. Il n'y a pas à dire, dormir fait du bien. Je me sens armée pour aller voir la police et dénoncer ce salopard de Delamare. Pendant plusieurs minutes, j'imagine ce que je vais dire, comment je vais aborder le sujet. Va-t-on me croire ? « On ne peut pas perquisitionner comme ça, madame ! Avez-vous une preuve de ce que vous racontez ? » Dans la nuit, entre deux phases de sommeil, j'ai songé un moment à récupérer le montant de mes heures sup en me servant directement dans le coffre. Mais ce serait de la folie, et ce vol pourrait me coûter très cher. Xavier entre dans la chambre avec un plateau. Jus d'orange, toasts beurrés, confiture, salade de fruits, il ne manque rien.

— Dis donc, dis-je en m'adossant à la tête de lit, c'est encore mieux qu'un cinq-étoiles !

Il sourit. Je crois que ça faisait des mois que je ne lui avais pas fait aussi bon accueil.

— Je reviens, je vais chercher le café.

Je commence à tartiner un toast de confiture. Je n'ai pas très faim mais je n'ai pas envie de contrarier Xavier d'une quelconque manière. Sa réaction après mon aveu d'hier est assez admirable, alors je vais me forcer. Manger un peu ne va pas me tuer. Xavier revient avec deux tasses de café fumant et s'assied face à moi.

— Il faut qu'on parle, me dit-il d'un ton solennel.

Finalement, j'ai peut-être surestimé sa capacité à bien réagir à la situation.

— Que comptes-tu faire par rapport à tes heures supplémentaires non payées ?

— Certainement pas me laisser faire ! Je vais aller dénoncer les magouilles de ce salopard...

Xavier secoue la tête en signe de dénégation.

— Je pense que ce n'est pas une bonne idée. D'abord, parce que tu vas te couper l'herbe sous le pied. Que va-t-il se passer une fois que tu auras dénoncé ton boss ? C'est l'entreprise qui va trinquer. Il est probable que cela entraîne sa fermeture. Tu ne toucheras peut-être plus ton salaire et tu ne pourras plus aller chercher les enveloppes. Ça va faire un manque à gagner.

— C'est vrai. Mais je n'en peux plus de ce boulot. Je te jure, je n'en peux plus. Ni de ça, ni des heures passées dans les transports en commun...

— J'ai bien compris, mais peut-être qu'il faut que tu résistes encore un peu, jusqu'à ce que l'on trouve une solution. Où planques-tu l'argent que tu ramènes à la maison ?

— Dans une boîte à chaussures, dans le placard.

— Il y a combien ?

— Je ne sais pas exactement.

— Je peux regarder ?

J'acquiesce. Il se lève, pose sa tasse de café sur la table de nuit, ouvre le placard.

— C'est la boîte jaune moutarde.

Il la pose sur le lit et se met à compter les billets.

— Il y a deux mille quatre cents euros.

— C'est pour mon projet, dis-je.

Je ne veux surtout pas qu'il s'imagine que l'argent est à nous deux. Il me regarde fixement.

— Claire, j'ai bien compris tout ce que tu m'as dit hier. Tu veux quitter ton boulot et commencer une nouvelle vie en Provence sans moi, enfin, le « sans moi », tu n'en es pas complètement certaine. Tu veux créer ton entreprise, tu as déjà visité une maison qui pourrait également être le lieu de ta nouvelle activité. J'ai bien compris tout ça. Claire, tu es la femme de ma vie. Je t'aime. Je ne veux pas qu'on se sépare. Mais avant toute chose je veux que tu sois heureuse, alors je voudrais t'aider à réaliser ton projet. Il se trouve que le mien n'est pas incompatible avec le tien. Au contraire. Moi aussi, je rêve de Sud et de soleil, moi aussi, je veux devenir entrepreneur. Alors peut-être qu'on peut démarrer ensemble et s'entraider. Partir là-bas tous les deux et une fois sur place, si tu trouves que je n'ai rien à faire à tes côtés, il sera toujours temps d'envisager une séparation. Mais, au moins, prenons le premier élan ensemble. À deux, on est plus forts. On se le doit bien, tu ne crois pas ? Depuis le temps que nous partageons tout...

Il poursuit, sans attendre de réponse :

— Tu évalues à combien le manque à gagner de tes heures non payées ?

— Mille sept cents euros net. Il ne me les a pas payées non plus le mois dernier. En fait, il m'est redevable de bien plus que ça. Le montant que je te donne, c'est ce qu'il me doit depuis notre accord. Depuis qu'il a promis qu'il me les payerait...

Xavier fait un petit bruit avec sa langue, comme s'il la claquait contre son palais. Il semble réfléchir. Je ne l'interromps pas, curieuse de savoir ce qu'il va proposer.

— Il y a combien dans le coffre, actuellement ?

Se pourrait-il qu'il ait la même idée que moi ?

— Je ne sais pas exactement. Environ cent soixante mille euros...

Il m'observe d'un air entendu, avec un drôle de rictus sur les lèvres.

— Quoi ? Tu veux que je vole l'argent de mes heures sup ?

— Pourquoi juste tes heures sup ?

— T'es malade ! je m'écrie en posant le plateau par terre. Tu veux que je dévalise le coffre ? T'es dingue.

Écoute, pour être tout à fait honnête avec toi, j'ai eu la même idée cette nuit, sauf que, un : je pensais juste récupérer le fric qu'il me doit ; deux : je suis très vite revenue à la réalité. Il faut oublier cette idée, je ne suis pas une voleuse. C'est hyperrisqué et c'est illégal. Je n'en reviens pas ! C'est toi qui me proposes ça ? Toi qui as peur de faire le moindre pas de travers ? Mais tu te rends compte de ce que je risque ? C'est un cambriolage ! C'est grave ! C'est passible de prison !

— Ce type est un magouilleur. Il s'enrichit sur le dos des autres. C'est pour ça que ça ne me pose aucun problème moral. Claire, j'y ai réfléchi toute la nuit, je pense que les risques sont limités. C'est beaucoup moins dangereux que tu ne le penses. Tu crois sérieusement qu'il va déposer une plainte pour vol alors que tout l'argent du coffre a été acquis de manière illégale ? Il aurait trop à perdre. Il faudrait qu'il explique d'où sort le fric. Et si c'est le cas, il ne serait pas le seul à tomber. Tous les syndics, tous ses concurrents qui trempent dans ses combines suivraient aussi. Non seulement il perdrait tout l'argent liquide, mais il devrait payer une amende en plus d'un redressement fiscal, et peut-être même qu'il écoperait d'une peine de prison. Non, je te dis que s'il fait ça, il est mort. Je pense qu'il va juste se mettre dans une colère noire et qu'il va essayer de récupérer encore plus de bakchichs qu'avant...

— Hum ! Alors, en admettant que tu aies raison, qu'il n'irait pas voir la police... OK, mais il va m'envoyer des gros bras pour reprendre son magot.

— Ouais, sauf que si on organise ça comme des pros, ces gros bras ne nous retrouveront pas.

— Pfff ! Bien sûr que si ! Delamare payera un détective privé, et crois-moi, il nous retrouvera, d'autant plus qu'on n'a pas l'intention de partir au fin fond de l'Afghanistan, mais en Provence !

Un silence.

— Écoute, reprend Xavier après un moment, ça vaut le coup d'y réfléchir. On ne peut pas complètement abandonner cette idée tout de suite. C'est peut-être pour nous, enfin pour toi, l'opportunité d'un nouveau départ...

— Un nouveau départ sur des braises chaudes. Tu connais le dicton : bien mal acquis ne profite jamais.

— Ah ouais ? Et ton patron, il n'en profite pas ? Dis-moi, il part où cet été ? Ce n'est pas lui qui a une villa de grand luxe en Floride ? Ce n'est pas lui qui roule en Jaguar ? Il habite où ? À deux pas de son entreprise. Donc en plein Paris, dans une maison de trois étages avec jardin. C'est bien ça, non ?

— Oui, bon... mais ça ne va peut-être pas durer.

— Peuh ! Penses-tu ? Et pourquoi ça changerait ? C'est comme ça depuis que tu as commencé à travailler là-bas. Et je vais te dire, même si tu le voles, enfin, même si *on* le vole, parce que je n'ai pas l'intention de te laisser faire ça toute seule, même si on vole tout l'argent du coffre, il ne sera pas obligé de mettre sa baraque en vente, ni même sa bagnole. Son train de vie ne s'en trouvera pas modifié, ou si peu. Peut-être qu'il aura du mal au départ à honorer les remises d'enveloppes, peut-être que sa femme aura un bijou de moins ce mois-ci, peut-être qu'ils iront moins au restaurant pendant un temps, mais c'est tout.

Je ne trouve rien à répondre. Ses arguments ne sont pas tous à mettre à la poubelle.

— Avant, je détestais Delamare. Maintenant, je ressens de la haine pour lui. Et j'ai l'impression que le dénoncer est l'unique chose qui pourrait me faire du bien.

— Sauf que tu n'y gagneras rien. Crois-moi, si tu lui piques tout son fric, ça va te faire du bien aussi...

— Quoi qu'il en soit, la somme dans le coffre ne sera pas suffisante pour nous permettre de créer tous les deux notre entreprise.

— Elle sera suffisante pour la tienne. Moi, je me débrouillerai.

— Comment ? La banque ne t'accordera pas de prêt...

— Je trouverai d'autres solutions, fais-moi confiance...

41

Lorsque j'arrive au travail le vendredi suivant, Delamare me tombe dessus avant même que j'aie le temps d'allumer mon ordinateur.

— Vous avez fait parvenir au syndic une copie papier de la propale de l'avenue de Breteuil ?

— Bonjour, monsieur Delamare, je réponds d'un ton provocateur.

— Alors ? C'est fait, oui ou non ?

— Non.

— Et pourquoi ça ?

— Parce que vous me l'avez donnée hier soir à 18 h 10 et qu'à cette heure, je m'apprêtais à rentrer chez moi. Et là, comme vous le voyez, je viens juste d'arriver...

— Je vois. Vous avez l'intention de jouer à ce petit jeu avec moi longtemps, Claire ?

— Quel jeu ? Je fais les heures pour lesquelles je suis payée, un point c'est tout.

— Il est 9 h 03, crache-t-il en regardant sa montre. Cela fait donc trois minutes que j'ai commencé à vous payer, ce qui veut dire que vous faites ce que je vous ai demandé immédiatement.

— Pas de souci, j'avais prévu de m'y mettre de toute façon, je réponds le plus calmement possible.

Il part vers l'ascenseur les poings serrés en jurant. Une litanie d'insultes dont je ne comprends presque rien, sauf « Commence à me faire chier, celle-là ». Je m'assieds en soupirant. La journée débute sur les chapeaux de roue, avec une dose maximale de stress. Cyril déboule en sifflant, un air moqueur collé sur le visage.

— Ben, dis donc, il est d'une sale humeur ce matin ! raille-t-il.

Il prend une ramette de papier A4 dans l'armoire réservée au stockage des fournitures.

— Qu'est-ce que tu lui as fait ? me demande-t-il.

— Rien.

Mêle-toi de ce qui te regarde.

— Je devrais plutôt te demander : qu'est-ce que tu ne lui as pas fait ?

Fier de sa blague, il explose de rire et disparaît. Je n'en peux plus de tous ces cons. À part Ahmed, ils me font tous chier. Cyril et Benoît me cherchent toujours des noises, les filles de la compta me toisent, persuadées que tout ce que raconte Cyril est vrai, Mehdi m'ignore, Stefano se montre hautain et désagréable, sans compter le patron qui, depuis la dispute, est toujours sur mon dos. Combien de temps vais-je tenir dans cette ambiance nauséabonde ? Passer toutes ces journées dans cette atmosphère pourrie est difficile, et ça atteint le moral. Malgré tout, j'essaye de faire mon boulot le mieux possible et dans les horaires impartis. Les heures supplémentaires, c'est fini pour moi. Pourtant, lorsque j'arrive à la maison, je ne suis pas moins fatiguée.

Il y a beaucoup plus de monde dans les transports, cela rajoute du stress. L'attitude de Delamare me dégoûte. Je n'en reviens pas qu'il puisse me regarder aussi mal, comme si j'étais une bête à abattre. Je pense à toutes ces années où j'ai travaillé pour lui, tout cet investissement, toute cette énergie dépensée. Pour quoi faire ? Que m'en reste-t-il aujourd'hui ? Qu'y ai-je gagné ? Oui, d'accord, cela m'a permis d'avoir un salaire, mais je n'aurais pas eu moins si j'en avais moins fait. Et si je m'étais rebellée dès le départ, aux premières heures sup non payées, je serais peut-être davantage respectée aujourd'hui. Depuis la dispute, je n'ai eu que deux enveloppes à gérer. L'une à apporter, l'autre à rapporter. Quand je suis revenue et que j'ai compté l'argent et rangé les billets, Delamare était dans son bureau, et même s'il n'a pas eu l'insolence de recompter derrière moi, il n'a pas perdu une miette de ce que je faisais.

Dans mon sac, mon téléphone bipe. C'est un SMS de Xavier. *« Courage ! Je t'aime. »* Depuis le début de la semaine, il m'envoie plusieurs messages chaque jour. Je dois reconnaître que ça me permet de tenir le coup. Je ne lui ai pas dit, mais j'ai choisi d'accepter sa proposition de lancer nos projets ensemble. J'ai le sentiment de m'attaquer à une montagne, et seule, je ne m'en sens pas la force. Certes, je peux compter sur Virginie, mais c'est différent. Xavier, c'est une épaule au quotidien, quelqu'un qui est là tous les jours. Pour le reste... tout est confus dans ma tête. Mon envie de le quitter n'est plus aussi forte. À vrai dire, je crois que je n'en ai plus envie, mais je ne m'explique pas comment mes désirs peuvent passer du blanc au noir en si peu de temps. Est-ce que cette envie de rester avec lui n'est pas motivée par l'état de fragilité dans lequel je me trouve en ce moment ? Ou est-ce le désir irrépressible de me sortir de cette vie qui aurait brouillé mes sentiments pour Xavier ? Oh, c'est tellement difficile d'y voir clair !

9 h 23 : « *Xavier, je n'en peux plus. Vivement ce soir, et vivement le week-end !* » je réponds.

9 h 24 : « *Es-tu d'accord pour qu'on aille en Provence ? J'aimerais voir la maison. On pourrait partir ce soir et rentrer dimanche soir. OK ?* »

Quelle merveilleuse suggestion ! Cela permettrait d'impliquer Xavier dans mon projet. Rien qu'à l'idée de changer d'air, je me sens déjà ragaillardie. Je m'apprête à lui répondre quand Delamare surgit derrière le comptoir. Je sursaute.

— Ça va ? Je ne vous dérange pas ?

— …

— Vous allez être contente d'apprendre que j'ai eu Valéria au téléphone.

— Ah… Et comment va-t-elle ?

— Beaucoup mieux ! Figurez-vous qu'elle ne va pas tarder à revenir. D'après son chirurgien, si aucun imprévu ne vient perturber la fin de sa rééducation, elle pourrait reprendre le travail dans dix jours.

— …

— Vous ne dites rien ?

— Si, bien sûr. C'est formidable, je suis contente pour elle.

Delamare éclate d'un rire mauvais.

— À qui vous voulez faire croire ça ? Au contraire, ça vous fait bien suer qu'elle revienne !

Il jette un regard alentour pour s'assurer que nous sommes bien seuls, avant de poursuivre à mi-voix :

— Fini les enveloppes, fini l'argent facile… Ah, ça va vous faire un trou dans votre budget, hein ? Car inutile de vous dire que dès qu'elle revient, elle reprendra sa place. C'est elle qui ira les chercher. Et elle, au moins, elle n'a pas le culot de me demander de la payer en heures sup !

— Je suis désolée de vous dire ça mais vous vous mettez le doigt dans l'œil ! Vous semblez avoir oublié que j'ai absorbé une bonne partie de sa charge de travail, et ce sans compensation ! J'ai hâte qu'elle soit là car elle va aussi récupérer ses dossiers !

— C'est parfait, alors tout le monde est content ! Et mettez-vous au travail, ajoute-t-il en s'éloignant. Je ne vous paye pas pour que vous passiez votre temps sur votre mobile !

Je retiens un cri de fureur. Je le déteste ! Je le déteste ! Il est odieux. Je ne peux plus le supporter. Je me précipite aux toilettes. Par chance, il n'y a personne. D'un geste rageur, j'essuie les larmes qui commencent à rouler sur mes joues. La main posée sur la poitrine, j'essaye de contenir l'emballement de mon cœur. Cet homme me fera mourir de fatigue ou de haine contenue. Je regarde mon reflet dans le miroir. Mon visage est émacié et trop pâle. Je l'imagine s'offrant à la clarté provençale, hâlé et couvert de taches de rousseur, reposé, apaisé, serein, souriant et heureux. Je n'aurai jamais un visage comme ça en restant dans cette entreprise. Je ne serai jamais heureuse ni apaisée. Je dois partir, aller vers la lumière. Il le faut. Et c'est décidé, je ne partirai pas les mains vides.

42

Par la fenêtre ouverte, j'admire le soleil décliner sur l'oliveraie. C'est d'une beauté simple, frappante, de celles qui apportent la plénitude. Hier, Xavier a rassemblé quelques affaires pour nous deux dans un sac de voyage et il a réservé à la dernière minute cette chambre d'hôtes, à une vingtaine de kilomètres de la demeure du vieux lion. Dans le train, je me sentais animée d'une euphorie enfantine. J'ai dit à Xavier que j'acceptais sa proposition, et qu'on avait tout à gagner à démarrer nos projets ensemble. Il m'a embrassée tendrement sur la joue et a pris ma main. Je ne la lui ai pas ôtée. Ce n'est qu'une fois arrivés dans la chambre, nos chaussures retirées, nos mains lavées, lorsqu'il s'est allongé sur le lit, que je lui ai annoncé que j'avais l'intention de voler le contenu du coffre. Il s'est assis et a soufflé comme s'il venait de sauter dans une mer gelée.

— Bon, a-t-il dit posément après un moment, on va prendre le temps nécessaire. Si on veut que tout se passe bien, il faut que tout soit millimétré...

— Justement...

— Quoi ?

— On n'a pas beaucoup de temps. Valéria ne va pas tarder à revenir et après, ça sera trop tard.

Il a eu l'air contrarié.

— On peut faire un double des clés.

— Peut-être, mais je n'aurai plus la combinaison du coffre. Delamare la change tous les lundis...

— Merde !

— Comme tu dis !

Xavier a décidé que nous n'aborderions pas le sujet avant dimanche matin parce qu'on allait consacrer notre samedi à prendre du bon temps. Nous en avions bien besoin.

En milieu de matinée, nous avons trouvé Sauvaire dans son troquet habituel avec, me semble-t-il, les mêmes acolytes que la dernière fois. Il n'a pas fait de difficultés pour nous amener à la *Maride-ti*. Tandis que je faisais visiter l'endroit à Xavier, il a attendu à l'extérieur, comme la première fois. Je crois que, tout comme moi, Xavier est tombé amoureux du lieu. Les yeux brillants, il a demandé au vieux lion combien il en voulait. Je lui avais pourtant bien dit qu'il refusait de vendre. Immanquablement, la réponse fut sans appel :

— C'est pas à vendre !

— Oh, a dit Xavier, peut-être, alors, seriez-vous d'accord pour nous le louer ?

— Le louer ?

Sauvaire et moi avions parlé en même temps. « Laisse-moi faire », m'a glissé Xavier à l'oreille. Le vieux a hésité, bredouillé.

— Faut voir.

— La maison, le terrain seraient toujours à vous. Et puis, vous savez, je suis très bricoleur, je pourrais vous faire des travaux. Je vois que la toiture a besoin qu'on s'occupe d'elle. Il vous suffit de me fournir les tuiles et je me chargerai du reste...

— D'accord, a-t-il lâché tout à trac.

— Quoi ? Vous êtes d'accord ? je me suis écriée. C'est formidable !

— Oui. Pourquoi pas...

Xavier a tenu à établir le contrat de location dans la foulée. Nous sommes retournés au café. Sauvaire semblait un peu bousculé, mais la perspective que quelqu'un remette la maison en état l'avait convaincu. On a signé le contrat sur un coin de table, une simple feuille de papier donnée par le patron. Xavier a garanti que nous remettrions les choses en bonne et due forme plus tard. On a trinqué tous ensemble, le patron, le vieux lion, ses copains et nous. Puis, Xavier et moi, nous sommes allés acheter une bouteille de champagne que nous avons débouchée devant notre maison, inconfortablement installés sur les vieilles chaises métalliques, mais heureux comme jamais. Je crois que je n'avais jamais bu de champagne au goulot. Cela m'a semblé transgressif mais tellement bon et joyeux !

— Tu réalises que nous fêtons le premier jour de notre nouvelle vie ? m'a fait remarquer Xavier.

— Oui. C'est fou ! Est-ce que nous ne sommes pas nous-mêmes complètement cinglés ? Nous venons de louer cette maison sans avoir de travail, sans savoir comment on va s'y prendre pour tout faire...

— Quand on veut changer de vie, il faut bien commencer quelque part. Nous ne savons même pas si nous allons rester ensemble ! Pour moi, c'est la plus grosse interrogation. À côté de ça, le reste n'a que peu d'importance…

— Oh, Xavier…

— Si j'ai mis le bail à mon nom, c'est pour éviter que le tien apparaisse et que Delamare te retrouve trop facilement après le vol. Mais si tu décides… enfin, si on reste ensemble, il sera toujours temps de changer ça.

Je l'ai regardé, assis au soleil. Il avait les traits fatigués mais je retrouvais son menton volontaire et son port de tête conquérant qui m'avaient tant plu. L'homme abattu et dépressif avait disparu. J'avais en face de moi un être qui venait de reprendre en main sa destinée. Nous avions traversé une sale période, mais, en cet instant précis, j'ai eu l'impression d'en voir le bout. Derrière Xavier, il y avait mon futur atelier, ma boutique… J'ai imaginé mes créations disposées sur des consoles de Plexiglas transparent pour que rien ne vienne arrêter cette lumière céleste qui laisse des couleurs sur les joues et rend l'humeur joyeuse. Et je l'ai imaginé lui, Xavier, sortir de la maison enveloppé dans un tablier de cuisine et me crier « À table ! », un grand sourire sur les lèvres.

— Xavier… tu fais partie du plan…

— Pardon ?

— Je n'ai plus envie de te quitter…

Je me suis penchée et je l'ai embrassé. Il a répondu à mon baiser avec fougue. Ce n'était pas un baiser chaste. C'était celui de nos 20 ans, celui de nos 30 ans, celui qui s'était perdu dans l'écoulement des années, le quotidien et les corvées, le détricotage de nos vies. Nos langues se sont entremêlées, faisant encore monter notre désir.

— Viens ! m'a-t-il dit.

Il m'a entraînée vers la maison. Devant la porte, il a soulevé le pot en terre cuite pour récupérer les clés là où Sauvaire les avait laissées quelques instants plus tôt. Nous sommes entrés en rigolant comme des enfants. On s'est jetés sur le canapé, soulevant un nuage de poussière. On a toussé, on a ri, on a toussé encore. Puis on a enlevé nos baskets et nos jeans à la hâte. Nous n'avons pas eu le temps d'enlever le haut...

Ce matin, nous avons été réveillés par la patronne de notre maison d'hôtes qui, à notre demande, nous a monté le petit déjeuner dans la chambre. On a mangé au lit, et, malgré notre toute petite nuit de sommeil qui aurait bien nécessité quelques heures supplémentaires de repos, on a décidé de travailler à l'élaboration d'un plan. Plus proches et plus liés que jamais, on était également conscients d'être à la veille d'un événement qui pourrait précipiter nos vies dans un abîme.

— Claire, tu réalises qu'une fois qu'on aura commis le vol, il faudra que plus rien de notre ancienne vie ne subsiste ?

— Hum... oui. Tu penses à quoi exactement ?

— Il faudra qu'on ait rendu l'appartement, donc déménagé nos affaires ici, qu'on ait clôturé nos comptes bancaires, jeté nos cartes de crédit, résilié notre assurance, nos lignes mobiles, Internet, l'électricité, l'eau... Il faut qu'on disparaisse.

— C’est impossible de faire tout ça en si peu de temps !

— Il le faudra bien.

— Et Alban ?

— C’est ce qui me préoccupe. J’ai peur pour lui.

— Moi aussi. Est-ce qu’on n’a pas tort de faire ça ?

— C’est une chance unique pour nous de commencer une nouvelle vie ailleurs.

— Je ne veux pas qu’il arrive quelque chose à Alban à cause de nous.

— Moi non plus. Si on ne trouve aucune solution pour le protéger de manière certaine, on laissera tomber…

43

Le feu vert, c'est Alban qui nous l'a donné le soir même. Alors que nous lui expliquions que nous envisagions de partir vivre dans le Sud, il nous a interrompus.

— Ben, justement, j'ai un truc à vous dire...

Léane venait de prendre un studio à Paris, et il comptait habiter avec elle. Il avait postulé chez *McDo* pour un job quatre soirs par semaine et il avait été retenu. Il pourrait ainsi contribuer aux dépenses. Et, l'année prochaine, il avait l'intention de faire du droit, comme Léane.

— Et quand comptes-tu partir ? lui a demandé Xavier.

— Genre... la semaine prochaine.

— Et tes cours ? j'ai renchéri.

— Ben, quoi ? Pas de problème, je prendrai les transports en commun pour y aller. Ça va être galère, mais on est fin mai. Il n'y en aura pas pour longtemps... Bon, j'vous laisse, j'ai un truc à faire.

Xavier s'est tourné vers moi.

— C'est un signe du destin !

Sans le savoir, Alban mettait du baume sur toutes nos inquiétudes. Il n'habiterait plus ici au moment du cambriolage, et le bail du studio ne serait pas à son nom. Notre plus gros obstacle venait de se volatiliser dans les airs. C'était grisant et effrayant à la fois.

— OK, m'a dit Xavier en plongeant son regard dans le mien et en me tenant fermement par les bras. À partir de demain, tu retournes au boulot comme si de rien n'était. Si Delamare te balance des saloperies, tu ne réponds pas. Tu fais le dos rond. Tu ne te fais pas remarquer. Tu ne changes rien par rapport à tes habitudes. Je m'occupe de tout le reste. Le seul truc embêtant, c'est qu'on ne connaît pas la date exacte du retour de Valéria...

— Ouais. Et puis le fait que je ne vais peut-être pas toucher ma paye. On est le 26. Les salaires ne sont jamais versés avant le 3 du mois suivant. Valéria risque de revenir avant cette date, le cambriolage doit avoir lieu avant. Tu penses bien qu'il ne va pas m'envoyer mon argent.

— Ce n'est pas grave. Ça ne représente pas grand-chose à côté du contenu du coffre.

— Oui, mais tout de même... L'idée d'avoir travaillé un mois entier pour rien, ça m'énerve.

— Tu pourrais lui demander une avance sur salaire...

— Je n'ai jamais fait ça.

— Tu vois l'ironie de la chose ?

— Ouais, dis-je en souriant. Je t'avoue que la perspective de niquer ce salopard un peu plus me plaît bien.

— Il ne faut pas qu'on soit trop gourmands, ça va nous porter la poisse.

— Bon, j'aviserai. Ce qu'il faut espérer, c'est que Delamare n'aille pas payer quinze mille articles de luxe à sa femme d'ici là, sinon il n'y aura plus grand-chose dans le coffre...

— Tu as une enveloppe prévue cette semaine ?

— Oui, mardi, vers les Champs-Élysées.

— Impec, comme ça, on saura combien il y a dedans.

Le mardi suivant, lorsque je rentre de ma mission, je brûle d'ouvrir le cahier qui est dans le coffre. Comme je m'en doutais, Delamare est dans son bureau.

— Tout s'est bien passé ?

— Oui. Aucun problème.

— Le dossier vous attendait à l'accueil, ou quelqu'un est venu vous le remettre ?

— Il était à l'accueil.

— Tiens, c'est étonnant...

Je me retiens de lui demander pourquoi. Tandis que j'ouvre le dossier et que je repère tout de suite une épaisse enveloppe kraft A4, Delamare vient se placer à côté de moi. Je déchire délicatement le rabat.

— Normalement, il y a vingt-sept mille euros dedans.

Mon cœur se serre. Vingt-sept mille euros ! Je dispose les billets sur la table de réunion. Il y en a beaucoup. Aucun de cinq cents.

— Le compte est bon, dis-je à Delamare après plusieurs vérifications.

— OK. Vous prenez votre fric, vous remplissez le cahier et vous retournez derrière votre PC.

Je prélève mes deux cents euros.

— Monsieur Delamare...

— Quoi ?

— Je voulais vous demander...

— Quoi ? J'espère qu'il ne s'agit pas encore de vos heures sup ?

— Non… Je voulais vous demander une avance sur salaire.

— Une avance sur salaire ? Mais pour quoi faire ?

— J'ai des problèmes d'argent…

Il me regarde d'un air inquisiteur, hésite à demander plus d'informations, mais se ravise.

— OK. Vous irez demander à la compta. Dites-leur que je suis d'accord pour un mois de salaire max.

— Merci.

— Valéria revient lundi, donc les enveloppes, ce sera fini pour vous. Et votre avance sur salaire, faudra la rembourser, hein ? C'est un prêt, pas un don.

Lundi ! Elle revient lundi ! Dans moins d'une semaine. Comment on va faire ?

Je suis pétrifiée.

— Qu'est-ce que vous avez ? Vous avez vu la Vierge ou quoi ? Vous avez compris ce que je vous ai dit ? Une avance sur salaire, c'est pas un don.

— Oui, je le sais, je réponds en essayant de masquer mon trouble.

Je prends le cahier dans le coffre. Je n'arrive pas à maîtriser le tremblement de mes mains. Heureusement, Delamare a le nez plongé dans ses e-mails. Il me faut un peu de temps pour trouver la bonne page, tellement je suis submergée par l'émotion. Lorsque j'y parviens enfin, mes yeux s'écarquillent, et j'ouvre la bouche comme un poisson sorti de l'eau. Très vite, je me ressaisis. Il y a cent cinquante-sept mille sept cents euros dans le coffre ! Si on rajoute les vingt-six mille huit cents euros, ça fait cent quatre-vingt-quatre mille cinq cents. C'est faramineux ! Je note la somme et sors du bureau. Delamare ne semble pas avoir remarqué mon trouble. Je passe au service comptabilité et j'explique à Pascale que j'ai besoin d'un mois de salaire le plus vite possible, que M. Delamare est d'accord. Elle me dit qu'elle va faire le virement tout de suite, que l'argent sera sur mon compte dans deux jours.

Je passe le reste de la journée dans un état de fébrilité que je masque tant bien que mal. Vers 15 heures, je parviens à m'absenter quelques minutes. Dans la rue, sous une porte cochère, je téléphone à Xavier pour le prévenir que nous avons jusqu'à dimanche soir au plus tard et qu'il y a cent quatre-vingt-quatre mille cinq cents euros dans le coffre. Lorsque j'arrive à la maison, à 20 heures, Xavier a déjà emballé la plupart de nos affaires dans des cartons. Il est au taquet.

— Des déménageurs vont passer prendre toutes nos affaires vendredi matin très tôt, avant que tu partes pour le boulot.

— Vendredi ?

— Oui, j'ai prévenu Sauvaire, il se chargera de les accueillir à leur arrivée. Et nous, on fera le coup vendredi soir. Comme ça, avec un peu de chance, si Delamare ne se pointe pas avant lundi matin, on sera déjà loin.

— Oui. De toute façon, je crois que je ne serai pas capable d'aller cambrioler le week-end. Autant faire ça avant de partir du boulot.

— Il faut juste espérer que Delamare ne s'éternise pas au bureau vendredi soir.

— Oui. Il n'y a jamais eu autant d'argent !

— Encore un signe du destin. Est-ce que d'autres enveloppes sont prévues cette semaine ?

— Pour moi, non, mais il arrive que Stefano, le commercial, ou Delamare lui-même s'en charge.

— Bon, on verra bien. Même s'il y a moins, on devra faire avec. Est-ce que tu sais si l'alarme de la porte d'entrée est reliée au commissariat ?

— Elle n'est pas reliée. Mais pourquoi tu me demandes ça ? Il ne devrait pas y avoir de souci avec la porte d'entrée...

— Je me renseigne, c'est tout. Il n'y a aucune chance pour que le code de l'alarme soit changé d'ici à vendredi ?

— Non. Delamare le change tous les premiers mercredis du mois. Tous les employés l'ont. Il ne peut pas se permettre de le modifier plus souvent.

— Bon. J'ai prévenu EDF, GDF et Orange de notre départ. Les contrats seront résiliés le jour même. J'ai aussi informé le proprio de l'appartement. Pour le préavis, coup de chance, il connaît quelqu'un qui pourrait reprendre le logement tout de suite. Rien à payer de ce côté-là, si ce n'est le loyer en cours. Il était cependant ennuyé que nous ne soyons pas présents pour l'état des lieux. De toute manière, l'appartement est nickel, et au cas où il chipote, il a la caution. Je lui ai dit qu'il trouverait les clés de l'appart chez Mme Brunovitch. Il va falloir que tu la préviennes. Raconte-lui n'importe quoi, que tu as été mutée, que j'ai trouvé un boulot...

— Je préfère lui dire la vérité, du moins une semi-vérité.

— Pourquoi ?

— Parce que Delamare va sûrement débarquer ici. Il vaut mieux qu'elle sache de quoi il retourne afin qu'elle se méfie. J'ai pas envie de la mettre en danger.

— Comme tu voudras. Alban doit faire ses cartons demain et apporter ses affaires jeudi chez Léane.

— Que lui as-tu dit ?

— La vérité.

— Tu plaisantes ?

— Je lui ai dit qu'on allait récupérer dans le coffre de ton patron tout l'argent qu'il te devait et même un peu plus, que ce n'était pas légal et qu'on se faisait la malle après.

— Comment a-t-il réagi ?

— Bien. Il m'a fait remarquer qu'après ça, il trouverait gonflé qu'on l'empêche de pisser par un balcon.

44

Jeudi soir. Veille du grand jour. Il est 20 heures, et je suis chez Mme Brunovitch.

— J'ai quelque chose à vous dire...

— Vu votre tête, ça a l'air grave.

— En quelque sorte, oui. Xavier et moi partons habiter dans le Sud. Définitivement.

— Ah bon ? Mais c'est ce que vous souhaitez ?

— Euh... oui. C'est notre choix.

— Alors c'est une bonne nouvelle ! Pourquoi vous faites cette tête ?

— Je dois vous expliquer certaines choses... Surtout, il ne faudra répéter ça à personne. C'est promis ?

— Oui, bien sûr.

— Voilà... Mon patron me doit de l'argent et je compte le récupérer avant de partir...

— Vous avez bien raison !

— Mais il va sûrement être très en colère car je vais prendre cet argent sans sa permission. Il va sans doute venir ici. Il ne faudra pas ouvrir votre porte.

— D'accord. Vous allez me manquer, ma petite Claire...

— Promis ? Vous n'ouvrirez pas, hein ?

— Mais oui, puisque je vous le dis ! Tiens, pendant que vous êtes là, faut que je vous montre quelque chose.

Elle va dans sa chambre à petits pas pressés et revient avec une photo.

— Regardez ! C'est ma robe de mariée. Elle est belle, hein ?

— Magnifique, dis-je en regardant le cliché.

— J'ai acheté le dernier fer à repasser de chez *Ternal*. Il repasse les tissus les plus délicats. Comme ça, si je la froisse...

— Vous aussi, vous allez me manquer, madame Brunovitch.

Je ne peux m'empêcher de la serrer dans mes bras, et d'un seul coup, je me sens submergée par l'émotion et ne peux retenir mes larmes.

— Oh ! Mais qu'est-ce qui vous met dans un état pareil ?

— Excusez-moi ! Je suis fatiguée, je crois.

— C'est pour ça qu'aller vers le soleil, ça va vous faire le plus grand bien !

— Oui, vous avez raison, dis-je en me ressaisissant. Je souhaiterais vous demander un service. Pouvez-vous déposer cette enveloppe sur notre paillasson demain en fin d'après-midi ?

— C'est tout ? Ben oui, bien sûr !

Elle regarde l'enveloppe.

— Qui est M. Delamare ?

— C'est mon patron.

J'embrasse une dernière fois Mme Brunovitch et je rejoins le parking. La présence de Jacqueline dans la voiture ne me fait pas sursauter. Elle est désormais une amie silencieuse et rassurante. Demain, Xavier me déposera à la station de RER, car il garde la voiture. Il ira la laver, faire le plein, vérifier l'huile, l'eau et la pression des pneus car il ne s'agit pas de tomber en panne au moment de notre fuite. On va cependant devoir se débarrasser de Jacqueline. Xavier veut la balancer dans une poubelle, mais je ne peux pas le laisser faire ça. Pas après ce qu'elle a fait pour moi. Et puis j'ai une meilleure idée. Jacqueline peut nous être encore utile.

— Nos chemins se séparent ici, ma belle... Je ne peux pas t'emmener avec moi, je suis désolée. Je te remercie pour tout ce que t'as fait. Ta présence m'a permis de traverser les épreuves et maintenant, j'ai encore besoin de toi pour un dernier service...

Avant de remonter à la maison, j'arrache nos noms de la boîte aux lettres, ainsi qu'au-dessus de notre sonnette. Puis j'appelle Virginie. Je lui dis de me retrouver la semaine prochaine à la *Maride-ti*. Je dois lui expliquer quelque chose, mais, dans l'intervalle, il ne faut pas qu'elle essaye de me joindre, ou qu'elle s'inquiète. Après ça, je passe le reste de la soirée à effacer notre présence sur les réseaux sociaux. Par chance, je n'ai qu'un vieux compte Facebook qui n'est pas alimenté et qui n'est même pas à mon vrai nom. Xavier aussi est sur Facebook, mais avec son vrai nom : Martin. J'hésite à fermer son compte. Des Xavier Martin, il y en a plein. Si j'essaye de fermer la page, est-ce que ça ne va pas être plus facilement repérable ? Je décide de supprimer l'unique photo potentiellement à risque, un cliché d'Alban datant d'il y a quatre ans. Les autres, des photos de préparations culinaires, ne présentent pas de danger, d'autant plus que je n'ai jamais dit à quiconque au boulot que Xavier était un passionné de cuisine. À minuit, allongés côte à côte dans le lit, Xavier et moi faisons un dernier point.

— Je vais partir plus tôt au travail. Je dois être certaine d'arriver à l'heure pour ne pas donner matière à Delamare à s'énerver. Je ferai mon boulot normalement, comme un vendredi ordinaire. Le midi, je mangerai le contenu de mon Tupperware derrière mon PC pour éviter que quelqu'un remarque ma nervosité. Mais ça va être dur de donner le change...

— Pendant ce temps, j'irai mettre à la benne ce qui ne sera pas parti avec les déménageurs. Sauvaire réceptionnera les meubles à la *Maride-ti*.

— Encore un coup de chance d'avoir trouvé une entreprise de déménagement si rapidement.

— Ouais... Enfin, ils m'ont demandé un supplément en black.

— C'est pas vrai ! Ma parole, c'est pourri partout !

— Oui, on vit dans une société pourrie jusqu'à la moelle. Bon, j'ai fait transférer tout notre argent sur le compte d'une banque en ligne ouvert à mon nom hier.

— Et mon avance sur salaire ?

— Je l'ai fait juste après que ton salaire a été crédité !

— La vache ! Delamare va faire une crise cardiaque de s'être fait avoir à ce point !

— Ouais, rigole Xavier. Dommage, on ne sera pas là pour voir ça. Je partirai d'ici vers 16 heures, car il y aura sûrement des bouchons. Ensuite, je n'aurai plus qu'à t'attendre.

— Je ne pourrai rien faire tant que tous les employés de Nextlift n'auront pas quitté l'entreprise. Ensuite, ce sera à moi d'agir. Putain ! J'ai la trouille. T'es sûr qu'on ne se plante pas ?

— Il est trop tard pour faire machine arrière.

— Non, il n'est pas trop tard. On n'a pas encore commis l'irréparable.

— Et alors, tu te vois abandonner tout ça, maintenant qu'on s'est projetés dans ce futur ? Tu te vois revenir à nos petites vies ?

— Non...

— Bon, voilà ! Ne t'inquiète pas, tout va bien se passer, me dit-il d'un ton rassurant en me prenant dans ses bras.

— Et si je me fais prendre la main dans le sac ?

— Tu ne te feras pas prendre. Tu vas assurer.

45

Le réveil sonne. Ça fait plus d'une heure que je suis réveillée. C'est le jour J. Le jour où nos vies vont basculer vers le pire ou vers le meilleur. La nuit a été courte et ponctuée de songes angoissants, où d'énormes CRS se saisissaient violemment de nous. Plusieurs fois, Xavier, percevant mon agitation, a tenté de me rassurer.

— Ne t'inquiète pas, tout est prévu !

— J'espère !

Avant de partir, je jette un dernier regard à l'appartement. J'ai conscience que tout ce que je vais voir aujourd'hui, ce sera pour la dernière fois. Mon immeuble, le parking du RER, les visages familiers croisés dans le train, la rue où je travaille, mes collègues, Stefano, mon amant d'un soir... Rien de tout cela ne va me manquer. Rien.

La journée se déroule normalement, tout du moins vue de l'extérieur, mais sur une échelle de 1 à 10, mon niveau de stress est à 10. Personne n'a remarqué le gros sac de sport vide que je tenais d'une main en arrivant. Je l'ai planqué sous mon bureau. La seule chose qui me fait tenir, c'est de me répéter inlassablement : « Jusqu'ici, tu n'as rien fait de mal. Il est toujours temps de faire machine arrière. » Vers 17 h 45, les filles de la compta me souhaitent un bon week-end avant de quitter l'entreprise. Mon ventre se noue. L'étau se resserre. Puis, à 18 heures, ce sont les gars de l'atelier. À 18 h 12, je reçois un SMS de Xavier : *« Garé rue Dubrunfaut. À droite en sortant. Puis 1re à gauche, puis 1re à droite. Trottoir de gauche à trente mètres. »* Je lui réponds dans la foulée : *« OK. Il y a encore du monde. »*

Dix minutes plus tard, c'est Ahmed qui s'en va, suivi quelques instants plus tard par Cyril. Il ne reste plus que quatre personnes dans l'entreprise, dont le patron. L'envie d'uriner me brûle le bas du ventre, mais je n'ose pas aller aux toilettes. Je risquerais de ne plus savoir qui est parti ou non. J'ai de plus en plus de mal à faire semblant de travailler. Mes jambes sont en coton, et j'ai l'impression qu'elles ne me portent plus. Et si Delamare avait décidé de modifier la combinaison du coffre ? Il n'a plus confiance en moi. Ça serait d'ailleurs logique qu'il la change le vendredi soir plutôt que le lundi matin, afin que son argent soit protégé durant le week-end. Mais non, il a toujours fait comme ça, il n'y a aucune raison qu'il modifie ses habitudes aujourd'hui. D'autant plus, j'en suis certaine, qu'il n'imagine pas une seconde que je suis capable de le voler. À 19 h 27, Mehdi s'apprête à passer la porte, puis il revient sur ses pas.

— Ça va ?

— Oui, oui... ça va, merci.

— Tu es sûre ? Tu es très pâle.

— Je te dis que ça va.

Putain, casse-toi ! Tu n'as jamais fait attention à moi, qu'est-ce que tu viens m'emmerder juste aujourd'hui !

Stefano sort de son bureau à ce moment-là, exactement en même temps que Delamare qui se pointe à l'accueil. Je crois que je vais mourir ou m'uriner dessus, ou les deux.

— Que se passe-t-il ? demande Delamare.

— Claire n'a pas l'air bien…

Il se tourne vers moi.

— C'est vrai que vous avez mauvaise mine. Vous vous sentez mal ?

— Non, pas du tout. Tout va très bien, je vous assure.

Je suis au bord des larmes, et ma nervosité est à son paroxysme.

— Mais d'abord, qu'est-ce que vous foutez encore là ? Je croyais que vous ne faisiez plus d'heures sup…

— J'avais encore beaucoup de travail, et comme vous m'avez dépannée ce mois-ci…

— Ah, une employée reconnaissante ! glousse Delamare.

Mehdi intervient.

— Si tu veux, je t'attends. On prendra le métro ensemble.

— Tu veux que je te ramène en voiture ? propose Stefano.

Mais c'est pas possible ! Qu'est-ce qu'ils ont tous ? Stefano me fait la gueule depuis que je l'ai planté, pourquoi ce comportement maintenant ? C'est à cause de Mehdi. Il est jaloux. Font chier, merde, tous ces petits coqs de basse-cour !

Il faut absolument que je reprenne le dessus. Ces cons vont tout faire capoter. D'un ton que j'espère très ferme et presque désagréable, je réponds :

— Écoutez, merci. C'est vraiment très gentil, mais j'ai un travail à finir et je voudrais tout boucler avant le week-end. Je suis désolée, mais là, je perds du temps. Mon mari m'attend à la maison, je n'ai pas l'intention de rentrer en pleine nuit, alors si vous voulez bien me laisser bosser...

— Ton mari ? murmure Stefano d'un ton sarcastique.

Je ne relève pas sa réflexion et fais mine de me concentrer sur l'écran de mon ordinateur. Vexé, Mehdi ne demande pas son reste. Il nous souhaite un bon week-end et s'en va. Stefano et Delamare restent quelques minutes devant le comptoir sans plus prêter attention à moi, échangeant sur le dossier d'un client. Ce n'est pas possible. Je vais faire une attaque cardiaque, je sens mon cœur palpiter jusque dans mes oreilles. Enfin, au bout d'un temps qui me paraît interminable, ils se décident à partir.

— Vous fermerez bien tout, hein, Claire ? me balance Delamare avant de sortir.

— Oui, bien sûr.

Stefano va chercher ses affaires dans son bureau et repasse devant l'accueil en m'adressant un salut bref et sec. Enfin seule ! J'attends encore quelques minutes pour être certaine que personne n'a oublié quelque chose. J'ai envie de faire pipi au point de me faire dessus, mais j'ai par-dessus tout envie de quitter cet endroit. La suite va très vite.

Je cours jusqu'au bureau du patron, mon sac de sport à la main, j'ouvre la porte, me glisse dans la pièce, me jette sur la bibliothèque, compose la combinaison du coffre... qui déclenche l'ouverture. Je jette les billets par piles dans le sac. Il y en a beaucoup, mes mains tremblent et j'en fais tomber à côté, je les ramasse, je jette aussi le cahier dans le sac, je referme le coffre, puis la bibliothèque, vérifie d'un coup d'œil que je n'ai rien oublié, sors du bureau, referme la porte à clé, cours dans le couloir en sens inverse. À l'accueil, je reprends mon souffle, et là, je m'aperçois que je suis obligée d'uriner. Je laisse le gros sac sous mon bureau et je cours jusqu'aux toilettes. Je pisse. Ça dure, ça dure. Je ne peux plus m'arrêter. Je suis concentrée pour que mon jet d'urine soit puissant, qu'il sorte de moi le plus rapidement possible. Lorsque je me reculotte enfin, j'entends une chasse d'eau qu'on tire dans les toilettes pour hommes. Mon cœur s'arrête. Ce n'est pas possible. Qui est là ? La femme de ménage peut-être ? Normalement, elle ne vient pas le vendredi soir. Je sors des toilettes précautionneusement et tombe nez à nez avec Delamare. Mon sang se glace et je pousse un long hurlement.

— Mais, enfin ! C'est moi ! Qu'est-ce qui vous prend ?

— Euh, pardon...

Je me tortille. Des points noirs brouillent ma vision. Je vais m'évanouir !

— C'est que je croyais être seule, alors j'ai pensé à un cambrioleur !

— Ne parlez pas de malheur ! Justement, je suis revenu prendre un peu de fric. Ma femme veut aller chez *Vuitton* demain et je pense que je n'ai pas prévu assez large.

— Ah... j'allais partir.

— Pas de problème, je me débrouille. Allez-y. Je fermerai.

— OK... Bonne soirée, monsieur Delamare.

— Oui, oui, c'est ça, balance-t-il alors qu'il est déjà en train d'ouvrir la porte de son bureau.

Je me précipite à l'accueil, me jette sur mon sac à main et le sac de sport en même temps. Le soulever m'arrache un gémissement. Tant pis pour ma veste. Il n'y a pas de temps à perdre. Sac sur l'épaule, je sors et enquille la rue en courant comme une dératée. Xavier m'avait bien dit de ne pas courir, mais là, c'est comme si j'avais un tyrannosaure aux fesses. Je n'ai jamais couru aussi vite. Première rue à gauche, première à droite, trente mètres, la voiture. Je monte en hurlant :

— Démarre, démarre !

Xavier ne pose pas de question et met le moteur en route.

L'heure qui suit est horrible. Nous restons coincés dans les bouchons sans parvenir à nous éloigner de Nextlift de plus de trois kilomètres. J'ouvre ma portière pour balancer nos téléphones portables. Puis deux fois pour vomir. Heureusement, les directions dans lesquelles nous chercher sont multiples. À 22 h 30, nous atteignons enfin le péage de Fleury-en-Bière. Nous n'avons pas encore échangé un seul mot. Dans l'habitacle, la tension commence à redescendre. Nos regards se croisent, et, au-dessus du levier de vitesse, nos mains se serrent très fort.

46

Le jour n'est pas encore levé lorsque nous arrivons enfin à la *Maride-ti*, mais à l'horizon, le ciel est rose. Nous avons parcouru huit cents kilomètres en nous retournant régulièrement pour nous assurer que nous n'étions pas suivis. Maintenant que nous sommes ici, comment Delamare pourrait nous retrouver ? C'est impossible.

En début d'après-midi, j'appelle Mme Brunovitch avec le téléphone jetable acheté par Xavier avant de partir. Je veux m'assurer qu'elle n'a pas eu à pâtir de notre fuite. Elle décroche après trois sonneries.

— C'est Claire.

— Ah, ma petite Claire ! Comment allez-vous ?

— Bien, merci. Et vous ?

— Ça va. Vous aviez raison, votre patron est venu chez vous hier soir. Enfin, un grand type genre joueur de rugby avec une coupe de cheveux bizarre.

— C'est bien mon boss.

— J'avais laissé l'enveloppe posée bien en évidence sur le paillasson, comme vous me l'aviez demandé.

— Avez-vous pu entendre ou voir quelque chose ?

— Ah, ça ! Difficile qu'il en soit autrement. Tout l'immeuble l'a entendu ! Il tambourinait sur votre porte en criant comme un malade : « Je sais que t'es là ! », « Rends-moi mon fric, salope ! ». Il était tellement furieux qu'il a mis au moins deux minutes avant de voir l'enveloppe. Puis, par le judas, je l'ai vu se baisser et la ramasser.

Dans cette enveloppe, j'avais glissé une courte lettre.

« Cher M. Delamare,

Je suis désolée pour la déconvenue que je vous cause (enfin, non, je ne suis pas réellement désolée). Permettez-moi de vous dire que si vous m'aviez payé mes heures supplémentaires, nous n'en serions sans doute pas là. Mais ne vous inquiétez pas, je ne suis pas une voleuse. De votre paquet d'argent (acquis illégalement), j'ai juste prélevé ce qui m'est dû. Je vous attends au café-tabac (à l'angle de l'immeuble d'en face) pour vous rendre le reste.
Claire »

La veille, avant de partir au boulot, j'avais attablé Jacqueline dans un coin du troquet. J'ai expliqué au patron que c'était pour faire une farce à un ami. Je le connaissais bien pour y être allée de nombreuses fois chercher les cigarettes de Xavier. Je l'ai prévenu que mon ami viendrait le lundi suivant au plus tard. Il n'y a pas vu d'inconvénient, les gens venant surtout pour le tabac. J'ai lutté contre la tristesse que me causait cet abandon en me répétant que Jacqueline n'était pas douée de raison, ni même de vie. Avant de lui dire adieu, je l'ai recoiffée, j'ai réajusté sa chemise et son collier et épinglé sur sa poitrine un gros Post-it de la même couleur et de la même taille que celui qu'elle portait lorsque je l'avais vue la première fois au séminaire. Simplement, j'ai remplacé les adjectifs « invisible », « triste », « solitaire » par « riche », « heureuse », « loin ». Ces mots, choisis avec soin, allaient rendre Delamare complètement fou de rage, j'en étais sûre.

— Au bout d'un moment assez court, j'ai entendu des cris terribles, poursuit Mme Brunovitch. Par ma fenêtre, j'ai vu deux personnes sortir rapidement du café. Deux types. L'un a passé un coup de fil, sûrement à la police, tandis que l'autre filmait l'intérieur de la salle. Il y a eu un tumulte impensable. Vous vous rendez compte, je l'entendais hurler jusqu'au deuxième étage. Il criait : « Dis-moi où elle est, sale noiche ! » Puis la police est arrivée, ils ont sorti votre patron par la force et l'ont embarqué dans la camionnette.

— Mon Dieu !

— Je suis inquiète pour vous, Claire ! Moi, je ne crains rien. En plus, je vais partir habiter chez Taufik pendant quelque temps...

— Il ne sait pas où je suis et ne peut pas le savoir. Écoutez, je vais vous laisser un numéro de téléphone qu'il ne faut donner à personne. S'il revient, vous me le dites. Ne lui ouvrez pas, ni à lui ni à quiconque vous paraîtrait louche.

— Ben, ça, c'est ce que je fais déjà d'habitude. Je n'ouvre pas aux inconnus.

Je la remercie vivement et raccroche. Tracassée, je rejoins Xavier qui est dans la chambre en train de compter l'argent.

— Il y a cent quatre-vingt-deux mille euros ! me dit-il, enjoué.

— Chouette, je réponds d'un ton morne.

— Qu'est-ce que t'as ?

Je lui rapporte les propos de Mme Brunovitch.

— Eh bien, tu devrais être contente ! Tu t'es vengée de ce salaud !

— Oui, mais je crains pour la suite.

— Détends-toi, il ne peut pas nous retrouver pour l'instant. Tu n'as plus de carte bleue, ni de compte bancaire. Ton numéro de téléphone est suspendu. Tu n'as pas de logement à ton nom. C'est comme si tu avais disparu.

— Et s'il s'en prenait à Alban ? Ou à Mme Brunovitch ?

— On en a déjà parlé. Alban habite désormais avec Léane, de plus, il porte mon nom. Tu m'as bien dit que ton patron ne connaissait pas mon nom, n'est-ce pas ?

— Oui, il ne me l'a jamais demandé. Personne, d'ailleurs, ne me l'a demandé.

— Pourquoi t'inquiéter ? Et puis des Martin, il y en a des milliers. C'est le nom français le plus répandu. Alors avant qu'on me retrouve... Et pourquoi s'en prendrait-il à la voisine ? Elle n'est pas responsable de ce qui lui arrive, et il n'est pas censé savoir les rapports que vous entretenez.

— Mais si quelqu'un dans l'immeuble lui parle de Léane, il remontera jusqu'à Alban.

— Et, au pire, que peut-il lui arriver ? Tu crois sérieusement que ton patron va kidnapper notre fils et le torturer ? On n'a pas affaire à la mafia, là, hein ! Ton patron, c'est juste un gros magouilleur, un voleur même, mais il n'a jamais tué personne. On ne risque rien, je te dis. Au moment de créer ton entreprise, on avisera. Pour l'instant, on a du temps devant nous. Allez, viens m'aider. On a du pain sur la planche si on veut dormir dans une chambre propre la nuit prochaine. T'as pas envie que pour notre première nuit ici on soit dans un petit cocon d'amour ?

Xavier a les traits tirés par la fatigue du voyage mais ses yeux rient de bonheur.

— Si, j'en ai envie.

C'est comme si cette longue parenthèse grise de chômage et de désamour mêlés n'avait jamais existé. J'ai retrouvé l'homme que j'aime.

47

Dix jours plus tard, Mme Brunovitch me rappelle alors que je suis en train de faire la vaisselle.

— Allô, ma petite Claire ? C'est pour vous prévenir que quelqu'un est venu ce matin. Un type. Il vous cherchait.

— Pas le même que la dernière fois ?

— Non, un autre. Il a sonné à votre porte et les nouveaux voisins ont ouvert. Je les ai entendus dire qu'ils ne connaissaient pas les anciens occupants. Puis il a sonné à ma porte. Je sais que vous m'aviez dit de ne pas ouvrir...

— Oh, non, madame Brunovitch ! Vous n'avez pas fait ça ?

— Si. Je lui ai dit que j'ignorais où vous vous trouviez mais que s'il l'apprenait, ça m'intéresserait de le savoir parce que vous êtes partie du jour au lendemain et que vous ne m'avez pas rendu l'argent que je vous avais prêté.

— C'est très malin ! Il ne pourra pas penser que nous sommes en contact. Il est comment ce type ?

— Normal. Il ressemble à M. Tout-le-monde, sauf qu'il est blond avec les cheveux mi-longs en queue de cheval.

Avant de raccrocher, je remercie Mme Brunovitch. Je suis extrêmement contrariée, mais je puise quand même au fond de moi l'énergie de lui demander de ses nouvelles.

— Je vais très bien ! Taufik et moi partons demain pour Jakarta. Et à notre retour, je m'installe chez lui. On a déjà déménagé toutes mes affaires et aujourd'hui on est juste venus faire le ménage avant l'état des lieux. À quelques heures près, votre bonhomme ne nous trouvait pas. Vous voyez que je pouvais lui ouvrir sans problème. S'il revient, je ne serai plus là !

— Oh, félicitations ! Je suis heureuse pour vous. Et soyez prudente en Indonésie. Ah, au fait… vous vous souvenez si cet homme a demandé Claire Chaumont ou Claire Martin ?

— Hum… Il a demandé Mme Martin.

Je raccroche avant de me laisser glisser contre le mur de la cuisine. Ma poitrine comprime mon cœur si violemment qu'il va éclater. Xavier débarque, les mains pleines de peinture et le sourire aux lèvres. Lorsqu'il me voit, l'inquiétude se lit immédiatement sur son visage.

— Qu'est-ce que tu as ? Ça ne va pas ? me demande-t-il en s'accroupissant à côté de moi.

— Je viens d'avoir Mme Brunovitch au téléphone…

— Et ?

— Delamare a payé quelqu'un pour nous retrouver.

— Nous ?

— Oui, le type cherchait Mme Martin.

Un silence s'installe pendant lequel Xavier semble réfléchir. Il finit par s'asseoir lui aussi.

— Qu'est-ce qu'on va devenir ? je demande.

— Qu'est-ce que tu veux qu'on fasse ?

— Je me doutais bien qu'ils allaient retrouver ton nom, mais je ne pensais pas qu'ils iraient si vite. Maintenant qu'ils savent sous quelle identité nous chercher, ils n'ont plus qu'à trouver le bon Martin.

— Ça peut prendre des mois, voire des années.

— C'est tout ce que tu trouves à dire ? Donc on attend qu'ils nous trouvent, c'est ça ?

— Qu'est-ce que tu veux que je dise ? On ne va pas aller se dénoncer maintenant. On ne peut rien faire d'autre qu'attendre leur venue.

— Formidable perspective ! Et tu crois que je peux vivre comme ça, moi, avec cette épée de Damoclès au-dessus de nos têtes ?

— Que veux-tu faire ? Qu'est-ce que tu proposes ? Aller voir Delamare ?

— Et pourquoi pas ?

— Ça serait de la folie !

Je m'emporte.

— Pas plus que d'attendre ici avec l'angoisse chevillée au ventre. S'ils déboulent ici à plusieurs en pleine nuit, crois-moi, on ne va pas en mener large ! Sans compter qu'ils risquent de retourner la maison et trouver le fric. On n'a pas de malinois ou de doberman pour nous protéger. La porte d'entrée ne résistera pas à un bon coup de pied. Et la maison est isolée ! S'ils se mettaient à nous torturer, personne ne nous entendrait crier !

— Wô, wô, wô, calme-toi ! s'exclame Xavier. Essayons de voir les choses positivement. Dans tout ça, il y a quand même une bonne nouvelle...

— Laquelle ?

— Delamare n'a pas prévenu la police, il préfère régler ça lui-même, comme on l'avait prévu.

— Mouais. Je ne me sens pas rassurée pour autant.

— On ne peut pas prendre de décision hâtive sur la conduite à tenir. Il faut qu'on réfléchisse.

— D'accord, mais pas pendant des lustres, je ne tiendrai pas.

— On se laisse un mois...

— Un mois ? Mais t'es malade ! C'est beaucoup trop long. Une semaine max.

— Va pour une semaine, répond Xavier en soupirant.

48

8 heures du matin. Dans le TGV en direction de Paris, Xavier et moi sommes assis côte à côte dans le sens de la marche. En silence, nous regardons le paysage défiler sans le voir. Nos mains sont enlacées dans l'espace entre nos deux sièges. Les heures à venir vont être décisives et risquées, mais notre plan a été mûrement réfléchi. Après plusieurs soirées passées à développer différentes idées, nous sommes tombés d'accord sur le fait que la surprise de l'attaque est préférable à l'attente passive. Il y a trois jours, j'ai donc téléphoné à Delamare en ayant pris soin de masquer mon numéro. Xavier m'encourageait.

— Tu vas y arriver ! Surtout, sois ferme et directe. C'est toi qui as les cartes en main, pas lui.

— Tu es sûr que cet appel est utile ?

— Il est indispensable. On en a déjà discuté. Il n'est pas question qu'on prenne le risque d'aller jusqu'à Paris pour rien s'il n'y est pas. On a trop de choses à faire ici, à la *Maride-ti*, pour perdre notre temps.

J'ai pris une grande inspiration et composé le numéro.

— C'est Claire.

— Putain de bor...

— Fermez-la et écoutez-moi ! Je vais vous rappeler bientôt pour vous donner un rendez-vous où vous aurez intérêt à vous présenter. Seul.

— Quand ? a-t-il eu le temps de demander avant que je raccroche.

L'appel a duré moins de dix secondes.

— Parfait ! a glapi Xavier. Comme ça, tu lui montres que c'est toi qui décides. Et au cas où il n'aurait pas compris que c'est toi le chef, désormais, il va poireauter pendant plusieurs jours en se posant des questions. Et s'il voulait s'absenter, c'est mort.

Lorsque le train entre en gare de Lyon, nous sommes tendus mais plus motivés que jamais. Depuis notre arrivée à la *Maride-ti*, nous avons eu le temps de goûter à cette vie qui pourrait être définitivement la nôtre et nous nous accrochons à cet horizon comme deux noyés au bastingage d'un bateau. Le chauffeur de taxi peste contre la maire et les bouchons occasionnés par ses décisions. Concentrés sur notre plan, nous ne l'écoutons que d'une oreille. Je suis fébrile lorsqu'il nous dépose devant *La Coupole*. Pour protéger la *Maride-ti*, nous avons volontairement choisi un lieu proche de la gare Montparnasse afin que Delamare s'imagine que nous sommes partis vivre vers l'ouest.

— Ça va aller ? me demande Xavier, le regard inquiet.

— Il va bien falloir.

— N'oublie pas que je suis dans le coin. Je guetterai sur le trottoir d'en face ou devant le resto.

— Ne te fais pas voir ! Je ne veux pas que Delamare sache à quoi tu ressembles.

— Non, ne t'inquiète pas. Quand ce sera fini, tu iras à l'extrémité du boulevard. Je te suivrai de près. Ça marche ?

J'acquiesce de la tête.

— Allez, faut l'appeler maintenant.

— T'es sûr ? Il est encore temps de faire machine arrière.

— Non, on doit s'en tenir à notre plan.

Delamare décroche après deux sonneries.

— C'est Claire. Je vous attends à *La Coupole*. Dépêchez-vous, dans une heure, je ne serai plus là.

— Parfait ! me dit Xavier. Encore une fois, tu lui montres que c'est toi qui diriges. Ça va obliger ce con à se dépêcher !

Xavier me serre dans ses bras et m'embrasse tendrement.

— Je suis fier de toi. Ne t'inquiète pas, ça va aller. Ce soir, on sera de retour dans notre petit nid d'amour...

Je n'en mène pas large lorsque le maître d'hôtel m'indique la table que Xavier a réservée hier. Par chance, elle se trouve au bout d'une rangée. Il me sera donc très facile de partir rapidement si nécessaire. Je m'assieds sur la banquette. Il est midi. D'ici une heure trente maximum, tout sera terminé. Ou pas. Un serveur m'apporte la carte, je commande deux soles meunière ainsi qu'une bouteille de champagne millésimée Dom Pérignon à deux cent soixante euros, tout en lui précisant qu'il est inutile d'attendre l'autre convive pour l'ouvrir. Mes mains tremblent légèrement, il faut à tout prix que je parvienne à me calmer car je dois donner à Delamare l'impression que je suis sûre de moi.

De l'endroit où je me trouve, je vois l'entrée du restaurant et au moins cinquante mètres de trottoir. Le serveur apporte le champagne et des mignardises. L'alcool va me détendre. J'avale une première coupe cul sec tandis qu'un couple d'une trentaine d'années s'installe à la table contiguë. Et si Delamare ne venait pas ? Ou, pire, s'il venait accompagné de la police ? Notre plan a été élaboré exprès pour éviter cette catastrophe. En le prévenant juste une heure avant, il ne devrait pas avoir le temps de faire déplacer des flics, mais sait-on jamais ?

Au fil des minutes, mes pensées deviennent sombres, et je doute de plus en plus. Comment puis-je m'imaginer que cela va être aussi facile ? Que Delamare va tirer un trait sur cent quatre-vingt-deux mille euros aussi aisément ? Mon cœur cogne si fort que j'ai l'impression qu'il va jaillir hors de ma poitrine dans un jet de sang. C'est à ce moment-là que je m'aperçois que le serveur a retiré les couteaux. Merde ! Je n'ai pas pensé qu'en commandant du poisson, je n'aurai plus de couteau pour me défendre si Delamare venait à m'attaquer sauvagement ! Là encore, Xavier et moi avons volontairement choisi l'heure du déjeuner. Il est préférable qu'il y ait du monde pour prendre ma défense si ce salopard venait à m'agresser. Le serveur dépose les plats en me précisant qu'il est à ma disposition s'il faut les réchauffer.

— Merci, ça ne sera pas nécessaire.

Logiquement, il doit penser que je devrais attendre la personne qui va partager mon repas, mais ce n'est pas ce que j'ai l'intention de faire. J'ai le ventre noué et il va m'être difficile de tout manger. Quelques bouchées ne me feront pas de mal, d'autant plus que j'en suis déjà à ma troisième coupe de champagne. Hum ! C'est délicieux. Le poisson fond dans la bouche, et les haricots verts frais sont goûtus. Quel dommage de manger un mets aussi succulent dans de telles conditions ! J'ai avalé plus de la moitié de la sole lorsque Delamare entre dans la brasserie. Et là, c'est le choc ! Il n'est pas seul. Un homme d'une quarantaine d'années l'accompagne. Il est blond et a une queue de cheval. Probablement le type dont m'a parlé Mme Brunovitch. Que faire ? Delamare parcourt la salle des yeux et m'aperçoit. De là où je me trouve, je vois ses mâchoires se contracter sous l'effet de la colère. Je me raidis. Pourvu qu'ils ne se jettent pas sauvagement sur moi. À deux contre une, je suis foutue. Heureusement, Delamare indique le bar à son acolyte. Le maître d'hôtel l'aborde au moment où il se dirige vers moi. Delamare fait un geste en ma direction puis avance vers ma table. Il se plante devant moi. J'évite de croiser son regard. Je continue de manger, il m'en coûte mais il faut lui montrer que sa présence ne perturbe en rien ce que je suis en train de faire. Je relève enfin la tête.

— Ben, asseyez-vous, je lui dis.

Delamare m'observe en train de manger. Il semble furieux mais s'assied quand même. Un point pour moi.

— Vous n'avez pas encore déjeuné, j'espère ?

— ...

— Non, parce que ça serait dommage, la sole est délicieuse.

— À quoi vous jouez, Chaumont ?

— Tiens ! Vous m'appelez par mon nom de famille maintenant ?

— Où est mon fric ?

— Ne me dites pas que vous êtes venu pour ça ?

— Où est-il ?

Il se penche pour tenter d'apercevoir mon sac.

— Vous n'imaginez tout de même pas que je suis venue avec ?

— Je vous préviens, vous av...

Je l'interromps vertement.

— Je ne tolère aucune menace, est-ce que c'est clair ? Votre fric... Vous n'avez que ce mot-là à la bouche. Ce n'est pas pour ça que je vous ai fait venir. Et d'abord, votre « fric », comme vous dites, vous ne le reverrez jamais. J'ai tout dépensé.

— Quoi ? glapit-il. Putain, ça va pas se pas...

— Chuuut !

Le couple de trentenaires nous jette des regards curieux et gênés.

— On est au restaurant, vous n'avez pas remarqué ? dis-je d'un ton bas mais ferme. Maintenant, vous allez vous contenir, sinon je m'en vais immédiatement et vous ne me reverrez plus !

Delamare explose de rire. Un rire si tonitruant qu'il attire de nombreux coups d'œil. Cela va être compliqué de dérouler l'exact scénario que nous avons envisagé avec Xavier. On n'a pas assez pris en compte le comportement excessif de cet abruti.

— Mais qu'est-ce que vous vous êtes imaginé, Claire ? Que vous alliez vous la couler douce avec mon pognon et que je ne vous retrouverais jamais ? Vous n'avez pas pu tout dépenser en si peu de temps, surtout des espèces... Je ne vous crois pas. Quant à ne plus nous revoir, là, vous rêvez ! Il ne me faudra pas longtemps pour vous retrouver, et vous le savez.

Je dois absolument reprendre le dessus, car le rapport de force est en train de s'inverser.

— Bien, dis-je posément en mâchant une bouchée de haricots verts. Vous êtes sûr que vous ne voulez pas toucher à votre plat ?

— Foutez-moi la paix avec votre bouffe !

— Dommage. Et du champagne ? Non plus ?

J'en bois quelques gorgées, poussant la patience de Delamare à son paroxysme. Moi qui n'avais jamais osé contrarier cet homme, je me sens plus forte que jamais et prête à en découdre. Ce type m'a fait souffrir pendant des années, il est hors de question qu'il gâche mon avenir ! C'est moi qui tiens désormais les rênes.

— Vous savez, je poursuis calmement, toutes ces années où nous avons travaillé ensemble, je ne m'étais pas aperçue que vous étiez aussi stupide...

Delamare ne répond pas, mais le gonflement des veines de son cou traduit son énervement.

— Bien sûr que vous pouvez me retrouver. Il vous faudra chercher ou payer quelqu'un pour le faire, mais vous pouvez me retrouver, c'est une certitude. Pourquoi croyez-vous que je vous ai donné rendez-vous aujourd'hui ? Parce que vous me manquiez ? Je vous ai fait venir pour vous dire qu'il est inutile de me chercher et qu'il est inutile de penser que vous allez récupérer votre fric. Voyez, je suis gentille. Je vous fais économiser du temps et de l'argent...

— Vous foutez pas de ma gueule, m'interrompt-il en tentant de rester calme.

— J'ai l'air de me moquer de vous, là ? Je suis on ne peut plus sérieuse. Tenez, d'ailleurs, pour vous le prouver...

J'extrais de mon sac l'enveloppe en papier kraft contenant les documents que nous avons soigneusement préparés Xavier et moi. Delamare prend l'enveloppe et, méfiant, l'ouvre avec prudence, comme si elle pouvait contenir un engin explosif. Je jette un œil au blond qui est toujours installé au bar. Il nous observe, impassible. Delamare sort les feuilles A4 ainsi que le cahier qu'il se met à compulser.

— Vous le reconnaissez ? je demande. C'est l'exacte copie du cahier qu'il y avait dans le coffre.

— Que voulez-vous faire de ça ?

— Moi, rien. Mais si vous vous obstinez à me rechercher et à vouloir récupérer votre argent, ou s'il m'arrive un accident, ce cahier atterrira immédiatement auprès des services compétents de l'État. Et puis, pour les aider, regardez ce que j'ai fait, dis-je en lui indiquant les feuilles volantes.

Il les consulte un moment. Xavier et moi avons fait un lexique de toutes les initiales inscrites sur le cahier. Il y a les noms et les coordonnées de toutes les entreprises et des syndics véreux. Les coordonnées de Valéria et celles de Stefano figurent également dans le cahier, même si, pour Stefano, c'est Delamare qui avait noté ses initiales.

— Vous figurez dans ce cahier, me balance Delamare d'un air mauvais. Vous aussi, vous faites partie du nid d'escrocs !

— Je sais. Mais je pourrais peut-être m'en tirer en disant que j'ai été harcelée, que vous m'avez forcée à aller chercher les enveloppes sous peine de perdre mon travail. Je dirais que j'ai eu peur, que j'ai fait ce que vous me demandiez avant de péter les plombs et de voler l'argent.

— On ne vous croira pas.

— Je pense que si. D'abord, j'ai gardé tous vos SMS concernant les enveloppes. Le moins qu'on puisse dire, c'est qu'ils sont très autoritaires. Puis on interrogera les autres employés. Que croyez-vous que dira Cyril à votre sujet ? Et Soraya ? Et Pascale dont vous n'avez pas payé les heures sup à elle non plus ? Vous croyez vraiment être un patron apprécié ? Et puis c'est sans compter les enregistrements...

— Quels enregistrements ?

— C'est fou tout ce que l'on peut faire aujourd'hui avec un téléphone portable. Votre voix est très reconnaissable, surtout quand vous hurlez sur vos salariés.

J'espère que ce coup de bluff va lui donner l'estocade finale. Delamare reste silencieux un moment avant de glisser entre ses dents serrées :

— Vous êtes une belle salope...

— Si ça vous soulage de le penser... Dois-je vous préciser que je dispose de plusieurs copies de ces documents, dont une déposée chez mon notaire sous enveloppe scellée ? J'aurais tendance à dire non, c'est inutile, mais comme vous avez fait preuve du crétinisme le plus absolu en me recherchant...

— Comment savez-vous que je vous recherche ?

— Parce qu'on m'a dit que votre… chien de chasse, dis-je en indiquant du menton l'homme au bar, est passé dans mon ancien immeuble. Et là, je me suis demandé : « Mais pourquoi ce con de Delamare fait ça ? Comment ne peut-il pas imaginer que je vais me servir du cahier ? » Puis je me suis dit que vous me preniez pour cette femme docile et effacée que vous avez côtoyée toutes ces années. Qui pourrait vous en vouloir ? Alors il faut que je vous informe. Je ne suis plus cette femme-là. Aujourd'hui, je n'hésiterai pas une seconde si je dois tout balancer. Est-ce que c'est clair ? Vous ne récupérerez jamais votre argent. Et vous avez beaucoup plus à perdre encore. Alors réfléchissez un peu…

— Je vous ai grandement sous-estimée, répond-il d'un ton amer.

— Vous avez surtout fait l'erreur de mal vous comporter. Je n'aurais jamais fait tout ça si vous m'aviez payée. Bien… J'ai un train qui part dans vingt minutes, alors je vous laisse. Il reste du champagne, vous n'aurez qu'à boire un coup à ma santé avec votre sbire.

Je me lève. J'ai une envie folle de partir en courant, et l'effort que je fournis pour me maîtriser est surhumain. Mon regard croise une dernière fois celui de Delamare, incrédule et haineux.

— Merci pour le succulent déjeuner, dis-je.

L'adrénaline me propulse vers la sortie en quelques pas sans que j'en prenne vraiment conscience. Dehors, je prends une grande inspiration. Je crois que je suis restée en apnée pendant tout le temps qu'a duré notre échange. Vite, ne pas m'éterniser ! Sans chercher à voir où se trouve

Xavier, je me dirige à pas rapides vers le lieu du rendez-vous sans oser me retourner. Au bout du boulevard, Xavier surgit devant moi.

— Ça va ? Comment ça s'est passé ?

— Je te raconterai dans le train. Partons d'ici au plus vite, je réponds, stressée, en regardant dans tous les sens.

Il hèle un taxi. Nous montons dedans après nous être assurés de ne voir nulle part Delamare et son comparse.

— Vous allez où ? interroge le chauffeur.

— Gare de Lyon, s'il vous plaît.

Un an plus tard

Les premiers temps, ma sérénité a été mise à rude épreuve. Je n'étais pas sûre d'avoir convaincu Delamare. J'avais répété chaque mot à Xavier, chaque parole échangée, et il m'affirmait que ça avait fonctionné, que ce sale type ne faisait définitivement plus partie de nos vies. Je n'arrivais pas à m'en persuader. Je guettais les bruits suspects, particulièrement ceux des pneus crissant sur le chemin de terre. Mais les jours, puis les semaines passant, je me suis rendue à l'évidence : seule la vieille camionnette de Sauvaire s'aventurait sur le sentier. À la longue, j'avais appris à reconnaître les toussotements de son moteur bien avant de voir apparaître la carrosserie usée.

Le vieux lion vient souvent nous rendre visite. « Vous occupez pas de moi », dit-il à chaque fois, tandis qu'il s'installe sur une chaise devant la maison. Selon les jours, je lui sers un pastis ou une bière, et il reste là, béat de contentement. Il écoute la maison revivre et s'enthousiasme au moindre de nos mouvements. L'énergie que nous déployons le rend heureux. Nous avons finalement appris à nous connaître, et sa présence nous réconforte. Sauvaire est un peu comme notre papy à Xavier et à moi. Il fait partie de notre nouvelle vie. Lorsqu'il arrive à l'heure du déjeuner, Xavier prend le temps de préparer un repas que nous dégustons attablés sous un parasol face aux couleurs mélangées des champs et du ciel. Puis nous reprenons le travail tandis que Sauvaire pique un peu du nez devant son café.

Il y a tant à faire. Nos journées commencent vers 7 h 30 et se terminent rarement avant 21 heures, mais ce n'est pas vain. La *Maride-ti* s'offre une nouvelle jeunesse. L'intérieur de la maison sent bon le propre et a été aménagé confortablement. À l'extérieur, Xavier a réparé le toit et repeint les volets et la porte en vert olive. Des bacs à fleurs décorent les fenêtres, et bientôt des roses trémières égayeront les murs de pierre. Nous avons intégralement terminé le nettoyage de l'atelier. Virginie a commandé les vitrines qui vont recevoir nos articles. Je lui ai transmis les croquis de mes réalisations et elle s'est chargée d'acheter les matières premières : coton, velours, lin, jean, pierres semi-précieuses, perles de toutes les matières et de toutes les couleurs, cuivre, fer, argent, plaqué or. De mon côté, j'ai acheté une machine à coudre dernier cri, un fer à souder et le petit outillage. Nous avons touché un peu au magot, mais il en reste une grosse partie. Après moult tergiversations, nous avons décidé de le cacher sous l'appentis derrière la maison. C'est là que nous avons remisé le bois pour la cheminée. Des bûches masquent le sac-poubelle contenant les billets. Dans la maison, nous ne conservons qu'une centaine d'euros planqués dans la cuisine dans une boîte à spaghettis. Je passe mes journées à créer des boucles d'oreilles, des colliers, des pochettes en tissu afin de constituer un stock et un choix minimum pour nos futurs clients. Tandis que je pique, soude et colle, Xavier répare, nettoie et bricole. Nous avons convenu qu'il chercherait un travail dans la restauration dès l'ouverture de l'atelier boutique.

Il est galvanisé par notre nouvelle vie. Penser que j'ai pu imaginer mon avenir sans lui me paraît tellement incongru aujourd'hui ! Je ne me jette pas la pierre, ni pour ça ni pour ce qui s'est passé avec Stefano. J'étais engluée dans un marasme gris et poisseux qui m'empêchait de raisonner. Notre vie est si différente aujourd'hui. Nous sommes réveillés par les chants d'oiseaux. Nous ouvrons les volets, et le soleil qui se lève projette ses rayons sur les collines tandis que le thym et la lavande exhalent leurs parfums subtils. Prendre tous ces risques n'a pas été vain.

Sauvaire arrive avec une enveloppe qu'il me tend alors que, installée dans l'atelier, je porte une dernière touche à la fabrication d'un bracelet.

— Qu'est-ce que c'est ? je demande.

— Ouvre !

Il a un air grave et solennel. D'un seul coup, j'ai l'impression que mon sang quitte mon corps. Serait-ce une mauvaise nouvelle ? Quelque chose lié à ce que nous avons commis ? Les mains tremblantes, je déchire l'enveloppe.

— Attends ! s'exclame Sauvaire. Il vaut mieux que Xavier soit là.

— Il est parti chercher Léane et Alban à la gare d'Avignon.

— Ah !... Alors vas-y, on lui dira après.

Il y a un cachet en haut à gauche de la lettre, celui d'un notaire. Je parcours le texte des yeux. C'est un testament, celui de Sauvaire qui désigne Xavier et moi comme ses héritiers.

— Oh ! Sauvaire, tu ne peux pas faire ça ! dis-je en le regardant.

— J'ai bien réfléchi, et c'est ce qu'il y a de mieux à faire. À ma mort, vous hériterez de la *Maride-ti* et des terrains. Et je vais faire en sorte de payer les droits de succession avant.

— Mais... avec quel argent ?

— Hé, qu'est-ce que tu crois ? J'ai une vie entière d'économies. Moi, je n'ai besoin de rien. Un petit pastis au soleil devant mes collines, ça me suffit.

— Oh... Sauvaire... Tu es vraiment sûr d'avoir pris la bonne décision ?

— Et pourquoi pas ? Si je vous vends la maison, vous allez vous endetter, et puis cet argent, je n'en ai pas besoin. Sans compter que je trahirais la promesse faite à ma sœur. Tu sais, elle m'a fait jurer sur son lit de mort que je ne vendrais pas la *Maride-ti*. Une promesse comme celle-ci, ça compte ! Et si je ne fais rien, quand je vais mourir, tout ira à l'État. Ou alors, ils vont me trouver un cousin éloigné au dix-septième degré, un type que je connais pas. Et qu'est-ce qu'il fera de ma maison, hein ? Tu peux me le dire ? Alors qu'avec vous, je sais qu'elle est entre de bonnes mains, que vous allez en prendre soin, et ça me rend heureux.

— Je ne sais pas quoi te dire, Sauvaire…

— Peuh ! Eh ben, dis rien !

— Je peux quand même te remercier et… te faire un bisou ?

— Ouais. Mais je suis pas encore mort, hein ?

— Pfff ! Encore heureux. Et j'espère que ça sera pas avant très, très longtemps.

Je me lève et le serre dans mes bras avant de déposer un gros baiser sur sa joue piquante de barbe. J'ai les larmes aux yeux, mais je veux éviter qu'il s'en rende compte. Sauvaire est pudique, et ça le mettrait mal à l'aise.

— Bon, poursuit-il, maintenant, tu sais ce qu'il te reste à faire ?

— Quoi ?

— Comment ça, quoi ? *Maride-ti !*

— Quoi, *Maride-ti* ?

— Eh bien, *maride-ti* !

— Mais qu'est-ce que tu racontes ?

— Tu ne vas pas me faire croire que tu ne sais pas ce que veut dire *maride-ti* ?

— Mais… non. Je croyais que c'était le petit nom que ta sœur avait donné à la maison puisqu'elle s'appelait Marie… J'ai pensé que…

— Mais quelle gourdasse ! *Maride-ti*, ça veut dire « marie-toi » en provençal !

— Oh ! C'est pas vrai ! je m'esclaffe.

Sauvaire éclate de rire tandis qu'à travers les grandes baies vitrées, je vois notre voiture pénétrer dans la cour. Léane est assise à l'avant. À l'arrière, Alban admire les collines sous le soleil. Je suis heureuse de les voir. Xavier avise Sauvaire et moi dans l'atelier et nous rejoint.

— Qu'est-ce qui vous fait rigoler ? demande-t-il, sourire aux lèvres, en s'avançant vers nous.

Je le trouve tellement beau, là, en cet instant. Il est à une vingtaine de mètres de nous, et je lui lance :

— Chéri, j'ai quelque chose à te demander.

— Quoi ?

— Tu veux bien m'épouser ?

Notes

1. Proposition commerciale.

2. Le président du conseil syndical est l'interlocuteur privilégié du syndic, mais aussi de toute la copropriété dont il fait lui-même partie. Il fait le lien entre les copropriétaires et le syndic, plus précisément il assiste le syndic, contrôle sa gestion et donne son avis sur toutes les questions relatives au syndicat.

3. Le château de Lacoste a appartenu un temps au marquis de Sade.

pca
cmb
édition pré-presse
livres numériques

44400 Rezé

Éditions du 123

Achevé d'imprimer
par L&C Printing Group
en février 2024
Numéro d'impression : 01

–

Dépôt légal : mars 2024
Numéro d'édition : 01
Imprimé en Pologne

–

ISBN : 978-2-37610-166-6